Herstellung und Verlag:
BoD – Books on Demand, Norderstedt
ISBN :9783739227504

Inhaltsverzeichnis

So fing es an

Meinen Mann und mich begleiten bis zum heutigen Tag Hunde. Auch unser Sohn wuchs mit auf. Ein Leben ohne Hund stellte für uns eine ganze neue Erfahrung dar. Nachdem Eljano verstarb waren wir uns einig, dass wir keinen Hund mehr haben wollten. Doch es kam anders als wir dachten.

Als Abeni,genannt Krümel, in unser Leben trat stellte sie alles auf den Kopf. So einen Welpen hatten wir noch nie. Sie war so besonders, so einzigartig, dass sie uns fast an den Rand des Wahnsinns brachte. Sie war ein kleiner Teufel auf vier Beinen. Im Laufe der Zeit wurde aus dem kleinen Monster eine wunderbare Hündin mit der wie sehr viel erlebten. Als sie 3 Jahre alt war, wuchs in uns der Wunsch einen Welpen von ihr zu bekommen und stürzten uns mit ihr in unser größtes Abenteuer.

Mit Tränen in den Augen räumte ich Eljanos Decken, sein Spielzeug und sein Körbchen, weg. Er war über die Regenbrücke gegangen und war nun bei seiner Cinga, deren Verlust er nie ganz verkraftet hatte. Die ersten Tage ohne ihn waren schlimm. Das Geräusch seiner Fußnägel, wenn er über den Laminatboden lief, hatten wir noch lange im Ohr. Im Haus war es ohne ihn sehr still, er fehlte uns. Wir hofften, dass wir uns schnell daran gewöhnen würden, ein Leben ohne Hund zu führen. Leicht war es nicht, aber wir versuchten uns die Situation schönzureden. Sahen wir Hundebesitzer mit ihren

Hunden im Regen spazierengehen dachten wir bei diesem Wetter müssen wir nicht mehr raus, auch zeitlich waren wir nicht mehr gebunden. Wir konnten hinfahren wohin wir wollten, ohne uns Gedanken darüber machen zu müssen, ob wir den Hund mitnehmen konnten oder nicht und so verging die Zeit. Es fiel uns ziemlich schwer den Tag ohne ihn einzuteilen. Ich ertappte mich immer öfters wie ich anderen Hunden hinterherschaute. Eines Tages ich saß im Büro unser Chef war nicht da, zeigte mir meine Kollegin überglücklich Fotos von ihrer kleinen Katze im Internet, die sie demnächst vom Züchter abholen konnte. Plötzlich kam mir die Idee "einfach nur so" im Internet nachzusehen, ob es einen Züchter in unserer Nähe gab, deren Rhodesian Ridgeback Hündin Welpen hatte. Ein bisschen enttäuscht war ich schon als ich keinen Züchter fand, dann sollte es wohl nicht sein. Als ich eine Woche später erneut im Internet nachschaute, stieß ich auf die Homepage von Frau Stremlau, www.yashangaa.de, deren Hündin Uzuri Welpen hatte. Ihre Homepage sprach mich sofort an, weil sie mit viel Herz über ihre Hunde berichtete. Anschließend schaute ich mir die Fotos von Uzuris Welpen an und sah eine kleine dunkelbraune Rhodesian Ridgeback Hündin, deren Blick direkt mein Herz traf. Ich weiß nicht warum, aber von dieser Sekunde an hieß sie bei mir Krümel. Diese oder keine dachte ich mir. Schnell schickte ich den Link nach Hause, weil ich meinem Mann die Fotos zeigen wollte.

Wir werden keinen unserer Hunde vergessen, denn sie waren für uns richtige Familienmitglieder. Mit ihnen ist ein Stück von unserem Herzen mitgegangen.

Abeni – unsere Begegnung war eine Bereicherung 4

Krümel in der Mitte, links Kimba

Abeni – unsere Begegnung war eine Bereicherung 5

Krümel

Ich musste mich sehr stark auf meine Arbeit konzentrieren, am liebsten wäre ich sofort mit meinem Mann nach Balve gefahren, denn Krümel ging mir nicht mehr aus dem Kopf. Endlich hatte ich Feierabend. Zuhause angekommen schnappte ich mir mein Laptop um meinem Mann die Homepage zu zeigen. Halbherzig schaute er sich die Fotos an, als er die kleine dunkelbraune Hündin sah stutzte er und sagte erkundige dich ob sie noch frei ist. Genau diesen Satz wollte ich hören. Das ließ ich mir nicht zweimal sagen und rief Frau Stremlau, www.yashangaa.de an. Der Satz es kommt kein Hund mehr ins Haus, wurde nicht mehr erwähnt. Es war so, als wenn wir niemals diesen Satz ausgesprochen hatten. Wir bekamen für den nächsten Tag um 15.00 Uhr einen Termin. Am nächsten Tag im Büro versuchte ich meine Gedanken nicht ständig abschweifen zu lassen, aber das war schwieriger als gedacht. Zwischendurch schaute ich auf die Homepage um nachzusehen, ob Krümel noch da war. Endlich konnte ich nach Hause fahren. Auf dem Weg nach Hause hoffte ich inständig, dass sie uns nicht vor der Nase weggeschnappt wurde. Pünktlich um 15.00 Uhr waren wir bei Frau Stremlau in Balve. Stürmisch wurden wir von ihren 3 Rhodesian Ridgeback Hündinnen begrüßt, die letzte Begutachtung nahm Cassy, eine schwarzen Dackelhündin, vor. Cassy war Mama und Chefin Nummer 2 der Rasselbande. Auch sie verstand keinen Spaß wenn es um ihre Babys ging. Offensichtlich waren die Vierbeiner mit uns zufrieden, denn wir durften gleich weitergehen. Noch ein paar Schritte, dann sahen wir die große blaue Schüssel in der die dunkelbraune Rhodesian Ridgeback Hündin lag, aus deren Augen der Schalk blitzte. Ihr dunkelbraunes Fell war von schwarzen Stichelhaaren durchzogen und ihre Fellfarbe erinnerte mich an Schokolade, die ich heiß und innig liebte. Als wir uns ihr näherten schaute sie uns an als wenn sie sagen wollte, auf euch habe ich gewartet. Innerhalb von Sekunden hatte sie unser Herz erobert. Auch mein Mann war hin und weg. Nachdem wir mit Frau Stremlau ein intensives Gespräch geführt hatten stellte sich heraus, dass Krümel so gut wie vergeben war. Das die Interessentin sich noch nicht wieder gemeldet hatte lag daran, dass sie erst heute aus dem Urlaub zurückkam. Frau Stremlau rechnete damit, dass sie sich morgen spätestens übermorgen bei ihr melden würde. Das war ein Schlag in die Magengrube. Damit hatten wir nicht gerechnet. Es waren noch 2 Hündinnen frei, aber wir hatten uns in Krümel verliebt, so dass wir beschlossen, wenn wir "Krümel " nicht bekamen, es keine andere Hündin gab. Etwas traurig verließen wir Frau Stremlau die uns versprach, sich in den nächsten zwei Tagen zu melden. Am nächsten Morgen beim Frühstück überlegten wir ob wir noch andere Züchter aufsuchen sollten, aber wir entschieden uns dagegen. Wir hofften darauf, Krümel mitnehmen zu können Der erste Tag verging und es kam kein Anruf. Traurig fanden wir uns damit ab, Krümel doch nicht zu bekommen. Der zweite Tag ging langsam zu Ende, als gegen 20.00 Uhr das Telefon klingelte.Wie elektrisiert sprang ich auf und nahm den Hörer ab. Es war Frau Stremlau die uns mitteilte, dass wir "Krümel" haben könnten, wenn wir sie noch wollten. Was für eine Frage, natürlich wollten wir sie haben. Die Interessentin hatte es sich anders überlegt. Es sollte wohl so sein, wir waren füreinander bestimmt.Glücklich vereinbarte ich für den nächsten Tag einen Termin, um Krümel zu besuchen und eine Anzahlung zu machen, damit sie uns niemand mehr wegnahm.Voller Freude suchte ich im Internet nach einem passenden afrikanischen Namen. Als ich auf den Namen Abeni stieß war klar, dass sie so heißen sollte, weil dieser Name (wir haben um sie gebeten und jetzt ist sie unser *Yoruba) genau zu der Situation passte. Ein Tag nach dem anderen wurde am Kalender abgestrichen. Wir konnten es kaum erwarten sie endlich abholen zu können und kamen uns wie kleine Kinder vor, die ihren Geburtstag herbeiwünschten, um endlich das heißersehnte Geschenk in Empfang nehmen zu können. Da wir Abeni mindestens einmal in der Woche besuchten, bekamen wir einen sehr guten Kontakt zu ihr. Jedes Mal wenn wir bei ihr waren, kam sie im wahrsten Sinne des Wortes vor lauter Freude angeflogen. Sie war von ihren Geschwistern die einzige, die so ein Begrüßungsritual hatte. Auf dem Gelände von Frau Stremlau gab es neben einem riesigen Hundespielplatz, ein großes Gelände auf dem später der Ernst des Lebens für die Hunde begann. Da Frau Stremlau eine Hundeschule für Rhodesian Ridgebacks betrieb beschlossen wir, mit Abeni bei ihr in die Hundeschule www.Hundeschule-sabinestremlau.de zu gehen. Mit Abenis Vorgängern waren wir in einer gemischten Hundeschule. Dort fielen wir komplett durch das Raster.Während Schäferhund und Co bereit waren, sich ins feuchte Gras zu legen und auf ein neues Kommando warteten, waren weder Cinga, noch Eljano bereit es ihnen nachzumachen.Sie sahen keinen Sinn darin. Als der Trainer es mit Druck versuchte, war es aus und nach der dritten Unterrichtsstunde, beendeten wir den Kurs.

Abeni – unsere Begegnung war eine Bereicherung 8

Kommt ein Krümel
geflogen

Abeni – unsere Begegnung war eine Bereicherung 9

Bock

Uzuri links, Cassy rechts

Abeni – unsere Begegnung war eine Bereicherung 10

Der Rhodesian Ridgeback

Der Rhodesian Ridgeback ist kein Hund für jedermann und erst recht nicht everybodys darling. Er fordert von seinen Menschen einen einfühlsamen, geduldigen und liebevollen Umgang und jede Menge Geduld bei seiner Erziehung. Fremden gegenüber benimmt er sich gleichgültig bis arrogant und es dauert ziemlich lange, bis er sie akzeptiert. Wenn Sie mit dem Gedanken spielen, sich einen Rhodesian Ridgeback Welpen ins Haus zu holen, sollten Sie sich vorher sehr gut über diese Rasse informieren.

Falls Sie einen Hund möchten der aufs Wort hört, einfach zu erziehen ist und der Sie anhimmelt, dann sollten Sie sich für eine andere Hunderasse entscheiden. Ein Ridgeback wird Ihnen diesen Wunsch, zumindest am Anfang ,nicht erfüllen. Richtig erwachsen ist der Ridgeback erst mit 3 Jahren. Er ist ein äußerst willensstarker Hund, bei dem Sie mit Härte oder Schimpfen nicht sehr weit kommen werden. Klugheit, Kraft, Mut, Geschwindigkeit, Treue und Anhänglichkeit sind die Merkmale des Ridgebacks. Wer sich auf ihn einlässt, seinen Charakter akzeptiert, ihm Liebe, Sicherheit und eine gute Erziehung schenkt, wird später einen wunderbaren Hund haben.´Bis er erwachsen ist, werden Sie vielleicht ein paar Haare weniger auf dem Kopf haben und ihre Nerven werden auch etwas gelitten haben, weil er wird immer wieder testet, ob die bisherigen Regeln noch gelten. Das kann sehr anstrengend sein.Selbst als erwachsener Hund hinterfragt er gelernte Regeln und es ist auch nicht ungewöhnlich, wenn er plötzlich Regeln die er schon lange kennt, einfach ignoriert oder nur halbherzige akzeptiert. Er liebt seine Familie über alles und braucht ihre Zuwendung und ihre Nähe. Aus diesem Grund ist er für die Zwingerhaltung überhaupt nicht geeignet. Da er ein Laufhund ist, besitzt er einen starken Bewegungsdrang, als Jagdhund jagt er gerne alles was nicht bei drei auf den Bäumen ist.Der Ridgeback ist ein Spätzünder in jeglicher Hinsicht.

Obwohl er als Junghund bereits über eine imposante Erscheinung verfügt täuscht das Bild, denn kopfmäßig ist er noch ein kleiner Hund. In dieser Zeit zeigt er sich oftmals mimosenhaft, sensibel, rüpelig, unsicher oder stur. Mit seiner Sturheit und Eigenständigkeit kann er seine Zweibeiner in den Wahnsinn treiben. Abeni war unser vierter Rhodesian Ridgeback. Sie uns in ihrer Welpen,- und Junghundezeit oftmals an den Rand des Wahnsinns gebracht. So einen Welpen hatten wir noch nie. Sie war nicht nur ein kleiner Teufel, sie war ein Terrorkrümel die mit unseren Nervensträngen Gitarre spielte. Als wir alle Rüpelphasen zusammen überstanden hatten, wurde aus ihre eine wunderbare Hündin. Wer einmal einen Ridgeback hatte und weiß wie sie ticken, wird dieser Rasse immer verbunden bleiben. Diese Rasse besitzt einen hohen Suchtfaktor.

Krümel zieht ein

Am 07.08.2010 fand die Wurfabnahme statt und wir konnten Krümel endlich abholen. Gegen 11.00 Uhr rief Frau Stremlau an um uns mitzuteilen, dass wir uns auf den Weg machen sollten. Bevor wir losfuhren, legte ich eine flauschige Decke auf die Couch, verteilte ein paar Leckerchen, einen Kauschuh und legte einige Tierchen die quietschen, in ihr Hundebett. Es war genau wie damals als wir Eljano abholten, sehr schwül und heiß. Wir waren die ersten die in Balve ankamen. Als Krümel uns sah kam sie uns wie immer entgegengeflogen. Der leidige Papierkram war schnell erledigt und sie war unsere. An alles hatten wir gedacht nur nicht an eine Leine. Das war peinlich, aber Frau Stremlau hatte eine Leine für uns. Schnell machte ich noch ein Fotos von Uzuri Abenis Mama und Cassy, dann verabschiedete Frau Stremlau sich mit Tränen in den Augen von Krümel und brachte uns zum Auto. Glücklich setzte ich mich mit Abeni die ich auf dem Arm hatte, auf die Rückbank, weil ihr die erste Autofahrt in guter Erinnerung bleiben sollte. Die ersten Minuten saß sie brav auf meinem Schoß und wir kuschelten. Doch es dauerte nicht lange, da fand Abeni das Kuscheln langweilig und sie fing an zu kaspern. Sie zwickte in meine Finger und wollte unbedingt zu meinen Mann auf den Fahrersitz. Beim Versuch das zu verhindern hatte ich das Gefühl zwei Welpen bändigen zu müssen und nicht einen. Plötzlich schrie mein Mann laut auf. Sie hatte es tatsächlich geschafft, ihn kräftig ins Ohrläppchen zu zwicken. Als sie meinen Mann schreien hörte drehte sie richtig auf. Mich beschlich das Gefühl, dass diese kleine Hündin offensichtlich eine sadistische Ader hatte. Das ich mit dieser Vermutung recht hatte, wusste ich damals noch nicht.

Nun kam ich an die Reihe, total gefrustet zwickte sie wieder in meine Finger, knurrte mich an, zerrte an meinen Haaren und versuchte ihr Halsband abzustreifen. Mir lief der Schweiß in Bächen das Gesicht herunter und mein Deo versagte. Offensichtlich hatte Abeni nicht das Bedürfnis, auf unserer ersten Autofahrt besonders nett zu mir zu sein. Eins hatte sie auf jeden Fall erreicht, nämlich dass ich diese Autofahrt nie vergessen werde. So langsam ließ meine Freude über sie gewaltig nach. Eine Art von Zorn gepaart mit einer ordentlichen Portion Übelkeit kam in mir hoch, da es mir immer beim Autofahren schlecht wurde, wenn ich hinten saß. Unter Androhung der Todesstrafe schaffte ich es sie zu bändigen. Sie blieb mürrisch auf der Rückbank liegen und kommentierte ihre missliche Lage. Sie fing an afrikanische Kriegslieder in einer Lautstärke und Höhe zu singen, die meinen Tinnitus wieder zum Leben erweckten. Zum ersten Mal hatten wir einen Hund der sang und meckerte. Das konnte heiter werden. Aber dann geschah ein Wunder, sie wurde ruhiger und krabbelte auf meinen Schoß. Ich ging davon aus das sie müde war, bis ich merkte, dass mein Schoß nass war. Auch das noch. Abeni hatte gepieselt. Die Fahrt nach Hause kam mir unendlich lang vor. Mir war übel, Makeup sowie Wimperntusche waren verlaufen, meine Haare waren zerzaust und meine Hose war nass. Super. Endlich waren wir zu Hause. Ich hoffte inständig, dass mich keiner unserer Nachbarn sah, denn im Moment erweckte ich nicht den Eindruck einer glücklichen Hundebesitzerin. Völlig derangiert stieg ich mit Abeni auf dem Arm aus und schlich mit ihr zur Haustür, jetzt bekam ich auch noch Kopfschmerzen. Völlig daneben stand ich mit Krümel vor der Haustür, als mein Mann sie öffnete. Ich setzte Krümel in die Diele, als ich sie auf ihren kurzen Beinchen furchtlos ins Wohnzimmer stürmen sah, war meine Freude über sie wieder da. Wir waren gespannt, wie sie auf ihr Spielzeug und die anderen Dinge reagierte. Krümel rannte an den Sachen und den Leckerlis vorbei schnurstracks in Richtung Terrassentür. Als ich die Tür öffnete lief sie in den Garten und machte die erste Pfütze. Dafür erhielt sie ein großes Lob. Es stürzte so viel Neues auf sie ein aber sie lief zuerst in den Garten. Nachdem sie gepieselt hatte, kam sie nicht rein, sondern fing an zu buddeln. Sie grub Löcher auf dem Rasen in einer Geschwindigkeit, dass uns beim Zusehen schwindelig wurde. Wir trösteten uns damit, dass sie nach der Aufregung bestimmt bald müde wurde. Doch das Gegenteil war der Fall, sie lief zur Höchstform auf. Nun sprang und rannte sie wie eine Irre im Garten herum. Offenbar besaß Krümel, neben ihrer sadistischen Ader, einen noch nicht entdeckten Akku. Als Marc und Tina kamen schwankten die beiden nach 20 Minuten zwischen Begeisterung und Verzweiflung. Krümel war im wahrsten Sinne des Wortes außer Rand und Band. Sie sprang sie an, sie zwickte, sie wusste nicht was sie zuerst machen sollte. Nach 1 Stunde verabschiedeten sich die beiden mit Schrammen an den Armen und zerzausten Frisuren. Als sie weg waren machte Krümel sich im nahtlosen Übergang an unseren Pflanzen zu schaffen, die seit 5 Jahren in einem großen Blumentopf wuchsen. Sie riss die Pflanzen mit einer Schnelligkeit aus dem Blumentopf, dass unsere Augen so groß wie Wagenräder wurden. Wir kamen aus dem Staunen nicht heraus. Mit der Halswirbelsäule hatte sie augenscheinlich keine Probleme. Sie ließ sich von uns bei dieser Arbeit nicht stören, egal was wir veranstalteten. Vielleicht lag es daran, dass sie

Abeni – unsere Begegnung war eine Bereicherung 16

nicht wusste wie sie hieß. Da wir ständig Nein, Pfui oder Aus riefen ging sie wohl davon aus, dass wir ihren Namen nicht kannten und fühlte sich aus diesem Grund auch nicht angesprochen So einfach war das. Das war die Logik eines Ridgebacks. Es war kaum zu glauben. Dieses kleine dunkelbraune Ungeheuer schaffte es in 2 Stunden ohne zu schwächeln, 4 Erwachsene an den Rand der Verzweiflung zu bringen, den Rasen zu ruinieren und 3 Pflanzen zu töten. Ihr Spielzeug und ihre Leckerchen interessierten sie überhaupt nicht. Erstaunlich war, dass sie im Haus und im Garten bereits herumlief, als wäre sie hier auf die Welt gekommen. Sie zeigte weder Angst noch Unsicherheit, sie strotzte vor Selbstbewusstsein und handelte nach dem Sprichwort "was du heute kannst besorgen, dass verschiebe nicht auf morgen." Irgendwann ließen ihre Kräfte auf wundersame Art nach. Ihr Akku war leer. Sie lief mit letzter Kraft in die Küche, fraß ein wenig, rutschte mit ihrem Kopf an der Futterschüssel entlang in Richtung Fußboden und fiel ins Koma. Da lag die kleine Fellnase auf den Fliesen und schlief. Das war bisher keinem Welpen passiert. Ich traute mich kaum sie hochzuheben um sie auf die Couch zu legen, weil ich befürchtete, dass sie dann wach wurde. Als wir gegen 22.30 Uhr nach oben gingen suchte sich Krümel ohne lange zu überlegen oder zu zögern, ein Plätzchen in unserem Bett aus, obwohl vor meinem Bett ein schönes großes kuscheliges Hundebett stand. Auf die Idee, dass sie sich in das Hundebett legen sollte, kam sich nicht. Wahrscheinlich dachte sie, dass ich darin schlafen würde. Der Platz den sie sich in unserem Bett ausgesucht hatte, war die Mitte. Als wir ins Bett kamen freute sie sich riesig. Sie kuschelte sich an uns und schlief genau wie wir sehr schnell ein. Gegen 5.30 Uhr hörten ich ein zaghaftes Piepsen. Es war Krümel, sie musste raus. Ich trug sie die Treppen herunter um sie in den Garten zu lassen, als sie gepieselt hatte ging ich mit ihr nach oben, dann krabbelten wir ins Bett und schliefen noch eine Runde. Krümel war vom ersten Tag an stubenrein. Gut erholt und mit vielen Vorsätzen gingen wir den Tag an. Der Unterricht in der Hundeschule fing erst in 14 Tagen an. Somit hatten wir genügend Zeit uns kennenzulernen.

Abeni war eine Woche bei uns und ihr zaghaftes Stimmchen hatte sich zu einem richtigen Brüllorgan entwickelt. Im Gegensatz zu Cinga und Eljano die sich nach dem Aufstehen erst einmal sortieren mussten, lief Abeni sofort auf Hochtouren. Nach dem der Wecker geklingelt hatte, rannten wir morgens hinter einem äußerst ausgeschlafenen Hund, der unsere Schuhe am Wickel hatte, her. Beim Zähneputzen wäre es von Vorteil gewesen, wenn wir auch auf dem Rücken Augen gehabt hätten, da wir auf die Klopapierrolle und auf die Toilettenbürste achten mussten, da sie ansonsten das Laufen gelernt hätten.Das Anziehen dauerte dreimal so lange, da Abeni andere Vorstellungen von dem hatte was wir anziehen sollten, als wir. Sie fand Strumpfhosen völlig überflüssig, aber äußerst interessant, weil sie sich so schön lang ziehen ließen. Unter Androhung der schrecklichsten Strafen, die mir vor dem Frühstück einfielen, schaffte ich es ein Bein in die Strumpfhose zu stecken aber das zweite Bein bekam, zumindest heute morgen, keine Chance mehr bestrumpft zu werden. Während ich um jedes Kleidungsstück kämpfte, nutzte mein Mann die Gunst der Stunde und schlich ins Badezimmer um sich in Ruhe anzuziehen. Als er fröhlich pfeifend, frisch gewaschen und komplett angezogen das Badezimmer verließ, saß ich immer noch halb angezogen mit Schweißperlen auf der Stirn auf dem Bett und überlegte ob es nötig war, eine Strumpfhose anzuziehen oder ob Söckchen reichten. Da Krümel sich mit mir wahrscheinlich auch noch über die Farbe der Söckchen gestritten hätte, gab ich entnervt auf und entschied weder eine Strumpfhose noch Söckchen anzuziehen. Die Söckchen ließ ich dort wo sie waren, nämlich in der Schublade. Noch so eine Aktion vor dem Frühstück hätte mein schwer gebeuteltes Nervenkostüm, nicht mehr überstanden. Nach einer gefühlten Ewigkeit saß ich endlich am Frühstückstisch. Das ich mich einmal über ein stinknormales Frühstück so freute,hätte ich vor ein paar Tagen noch nicht gedacht. Man wird eben bescheiden. Da ich im Moment Krümel-Erziehungsurlaub habe war es nicht schlimm, wenn unser Zeitplan etwas durcheinander geriet. Bevor Abeni bei uns einzog, legte ich mir abends meine Kleidung für den nächsten Tag, heraus. Jetzt war es nervenschonender das nicht zu machen.In den ersten 14 Tagen leerte Krümel ihren Napf morgens sehr schnell aber im Laufe der Zeit stellte sie fest, dass es noch etwas besseres gab als Trockenfutter. Nach knapp drei Wochen entschied sie sich mit uns zu frühstücken. Mit dieser Entscheidung zeigte sie uns, dass sie über einen ausgeprägten Familiensinn verfügte und sie sich bei uns wohlfühlte. Höflich, fröhlich und zuvorkommend wie sie war, blieb sie anstandshalber noch vor dem Küchentisch sitzen und wartete leise singend auf uns. Als wir am Tisch saßen und auf geröstete Toastscheiben Butter, Honig oder Erdbeermarmelade strichen fing sie sofort an lauthals zu brüllen. Sie wurde erst leiser, als sie sah, dass sie auch eine Scheibe mit Honig bekam. Krümel war der erste Hund, der mit uns frühstückte und uns unterhielt. Andere Leute stellen beim Frühstück das Radio an, wir hatten Krümel, die für den musikalischen Backround sorgte. Sie war weder vom Strom noch von einer Batterie abhängig. Sie sang nicht schön, dafür aber laut und ausdauernd. Diese Frühstückszeremonie findet immer noch statt. Heute sitzt Abeni, mit ihren Töchtern Akili sowie Asali vor dem Küchentisch.

Was macht ein Hund den ganzen Tag wenn er nicht gerade schläft, frisst oder sonst wie beschäftigt ist ? Er beobachtet seine Menschen ganz genau und kennt sie oftmals besser als sie sich selbst. Abeni war im Beobachten eine Meisterin. So sah sie jeden Abend, wenn der Fernseher angemacht wurde, dass mein Mann einen Funkkopfhörer aufsetzte. Das fand sie sehr interessant. Fröhlich hüpfend sprang sie zu ihm auf die Couch und verteilte Küsschen. Wer denkt an etwas Böses, wenn er so umgarnt wird ? Ansehen war nicht verboten, außerdem sollte ein Welpe so viel wie möglich kennenlernen. Sie kuschelte sich ganz eng an ihn, legte ihren Kopf auf seine Schulter um vorsichtig Kontakt mit dem Kopfhörer aufzunehmen. Mein Mann nahm ihn ab um ihr zu zeigen, dass er nicht gefährlich war. Ein bisschen seltsam fand sie es schon, dass aus dem Teil Stimmen und Geräusche kamen. Ich konnte an ihrem Gesicht ablesen, dass sie zu gerne mit diesem Teil verschwunden wäre, um es sich in Ruhe anzusehen. Da das nicht ging, sprang sie von der Couch, verbellte den Kopfhörer und als sie keine Antwort erhielt drehte sie sich um, legte sich auf ihr Fell und dachte nach. Die Tage des Funkkopfhörers waren gezählt aber das wusste außer ihr noch niemand. Es dauerte nicht lange, bis die Ladestation ohne Kopfhörer im Regal stand. Ich suchte die untere Etage ab, aber meine Suche war nicht von Erfolg gekrönt. So wie es aussah, hatte mein Mann Glück, denn er hielt etwas in der Hand als er reinkam. Krümel hatte sich hingebungsvoll mit dem Kopfhörer im Garten beschäftigt und ein Designerteil erschaffen. Von weitem sah er noch recht gut aus. Aus der Nähe betrachtet hatte er allerdings nicht mehr viel Ähnlichkeit mit dem Funkkopfhörer, den wir kannten. Krümel hatte sich selber übertroffen und eine limitierte Edition „made by Krümel" herausgebracht. Ich hätte nie gedacht, dass sich die relativ starren Bügel so verbiegen ließen, Qualität zahlte sich eben aus. Etwas positives hatte Krümels Aktion, ich wusste nun, was ich meinem Mann zum Geburtstag schenken konnte. Beim näheren Hinsehen fiel uns auf, dass auf beiden Seiten die Ohrstöpsel einschließlich Fassung fehlten. Da wir diese Teile nicht mehr fanden gingen wir davon aus, dass Abeni sie verschluckt hatte. Nun war guter Rat teuer. Konnten die Ohrstöpsel einschließlich Fassung hart werden und zu inneren Verletzungen führen ? Plötzlich fiel mir ein gelesen zu haben, dass in solchen Fällen Sauerkraut half. Glücklicherweise stand noch eine Dose Sauerkraut im Küchenschrank. Zuerst gab ich ihr nur ein bisschen, aber als ich merkte, dass sie das Sauerkraut mochte, gab ich ihr ungefähr die Hälfte des Doseninhaltes. Dann hieß es warten. Mit Argusaugen beobachteten wir sie. Ging es ihr gut ? Bekam sie Krämpfe ? Musste sie sich übergeben ? Nichts passierte. Am nächsten Morgen wachte sie genauso fröhlich wie immer auf, aber sie hatte keine Lust uns mit einem Häufchen zu erfreuen. Litt sie an Verstopfung ? Hatte die Verstopfung mit den Ohrstöpseln zu tun ? Mittags fuhren wir mit ihr raus. Da die Spaziergänge zurzeit noch an der Schleppleine durchgeführt wurden, bekamen wir sofort mit, wenn sich ein Häufchen ankündigte. Noch nie haben wir so sehnsüchtig darauf gewartet. Plötzlich setzte sie sich hin. Sofort rannte mein Mann der sich mit einem Stöckchen bewaffnet hatte zu der Stelle wo sich das Häufchen befand. Dann fand er etwas rotes. Es war die Fassung von den Ohrstöpseln.Nun mussten wir uns keine weiteren Sorgen machen, da die noch fehlenden Teile auch bald den Weg nach draußen finden würden. Zu Hause angekommen legte Abeni sich in ihr Körbchen um eine Runde zu schlafen. Ich nutzte ich die Gelegenheit ohne ihre Hilfe noch ein wenig aufzuräumen, denn heute Nachmittag besuchte mich meine Arbeitskollegin, die Abeni unbedingt kennenlernen wollte. Ein bisschen gruselte es mir vor dem Besuch, da sie immer sehr stylisch angezogen war. Es gab bei ihr kaum einen Unterschied zwischen Freizeit,- oder Bürokleidung. Ihr Mann und sie waren nicht nur bekennende Katzenliebhaber, sie hatten auch zwei Katzen. Als ich sie bat keinen Schmuck anzulegen und Freizeitkleidung anzuziehen, war am anderen Ende der Leitung Ruhe. Eine Kleiderordnung zum Kaffeetrinken, so etwas kannte sie nicht. Woher auch ? Als ich ihr erklärte, dass Abeni eine Vorliebe für Schmuck hatte und es ihren Zähnen ganz egal war, ob sie an einem teuren oder billigeren Shirt zerrten, willigte sie schweren Herzens ein. Vielleicht waren bei Katzenwelpen solche Maßnahmen nicht nötig, doch bei einem Welpen, der den Namen Abeni trug war das anders. Da Krümel noch schlief deckte ich den Tisch. Die Kaffeemaschine war betriebsbereit, der Kuchen war fertig. Pünktlich um 15.00 Uhr war meine Kollegin da. Als Krümel die Klingel hörte, war sie innerhalb

Abeni – unsere Begegnung war eine Bereicherung 23

einer Sekunde von Null auf 200. Es war kaum vorstellbar wie hoch ein 11 Wochen alter Welpen springen konnte. Da unsere Diele keine schlossartigen Maße besaß, stand meine Kollegin der gerade das Gastgeschenk,ein Strauß Blumen gestohlen worden war, ziemlich verstört mit dem Rücken an der Haustür, während ich versuchte einem wild gewordenen Welpen mit den Resten meines Blumenstraußes, einzufangen. Als ich in ihr Gesicht schaute dachte ich, dass wird kein langer Besuch. Mit so einem Empfang hatte sie nicht gerechnet und ich, ehrlich gesagt auch nicht. Irgendwann schafften wir es einigermaßen ordentlich und gesittet zu dritt die Diele zu verlassen um ins Wohnzimmer zu gehen. Da Abeni sich gerade ein bisschen ausgetobt hatte, konnte ich das Wohnzimmer verlassen um die Kanne mit Kaffee, die Obsttorte sowie eine Schüssel mit Sahne auf den Tisch zu stellen. Abeni blieb brav neben mir auf der Couch liegen und scannte meine Arbeitskollegin von oben bis unten ab. So wie sie dabei vorging konnte sie entweder vor einer Diskothek die Einlasskontrolle oder direkt am Flughafen die Personenkontrolle übernehmen, ihr entging nichts.Plötzlich hüpfte sie von der Couch schlich zu meiner Kollegin, zwickte ihr in die Finger und wurde immer aufdringlicher. Ehe wir uns versahen, schnappte sie sich ihre Tasche, die einen halben Kosmetikkoffer beinhaltete. Bevor ich ihr die Tasche wegnehmen konnte, öffnete sie sich und der ganze Inhalt fiel heraus. Lippenstift, Deo, Parfum, Taschentücher, Wimperntusche und Makeup lagen verstreut auf dem Fußboden. Krümel hüpfte und tanzte um ihre Beute wie ein Indianer auf Kriegspfad. Zu zweit versuchten wir ihr die Dinge wieder abzunehmen, aber da sie sich auf dem Kriegspfad befand, dauerte es bisschen. Die Kosmetikprodukte hatten wir bis auf Kleinigkeiten, die wahrscheinlich unter die Couch gerollt waren, zusammen. Da ihr der Spaß verdorben wurde, rannte sie wütend in den Garten. Mir lief der Schweiß in Bächen das Gesicht herunter. Das Schminken hätte ich mir sparen können da ich bereits aussah, als wenn ich unter der Dusche hervorgekommen wäre. Ich hätte Krümel den Hals umdrehen können. Nach ein paar Minuten kam sie wieder rein schmiss ihren Ball in die Luft, schnappte sich einen Kauknochen lief damit zur Couch und legte diesen neben meine Kollegin. Anschließend setzte sie sich brav neben sie. Meine Kollegin freute sich sehr darüber, weil sie hoffte mit Krümel ein wenig schmusen zu können, aber Krümel verwandelte sich von jetzt auf gleich in einen Teufel.Wenn meiner Kollegin etwas heilig war, dann war es ihre Frisur. Diese hatte einen noch höheren Stellenwert als ihr Outfit. Offensichtlich hatte Krümel andere Vorstellungen wie eine Frisur auszusehen hatte, als sie. Da ich naturkrause Haare habe und leider über kein Geschick verfügte meine Haare zu stylen dachte sie wohl, dass alle Frauen auf dem Kopf strubbelig aussehen mussten. Also machte sie sich an die Arbeit.Die Haare meiner Kollegin waren glatt, halblang und wurden von einer schönen großen glänzenden Spange zusammengehalten. Genau diese Spange hatte es Krümel angetan. Sie legte ihren Kopf auf die Schulter meiner Kollegin und zog einmal kräftig an ihrem Zopf. Vor Schreck beugte sich meine Kollegin etwas vor, auf diesen Augenblick hatte Krümel gewartet. Noch ein kurzer Ruck und die Haarspange gehörte ihr. Mit der Spange in der Schnauze floh sie in den Garten. Als ich den Versuch starten wollte, Krümel die Haarspange wieder abzujagen, winkte meine Kollegin ab. Knapp 15 Minuten später fuhr sie etwas entnervt, ohne Frisur und ohne Haarspange nach Hause. So hatte sie sich den Besuch bei uns bestimmt nicht vorgestellt. Ich überlegte, was bei Abeni anderes lief als bei Cinga und Eljano. Lag es daran, dass sie alleine war und keinen Spielkameraden hatte ? Als Cinga zu uns als Welpe kam, war Nangu da und als Nangu verstarb, kam zu ihr Eljano. Beide Ridgeback Welpen hatten einen älteren Ridgeback zur Seite. War Abeni ein Welpe die auch einen älteren Hund an ihrer Seite gebraucht hätte ? Als ich später meinem Mann von diesem Kaffeetrinken erzählte, fing er an zu lachen, aber ich machte mir Gedanken. Vielleicht war Krümel krank und litt an ADHS (Aufmerksamkeit-Defizit-Hyperaktivität-Störung) oder an etwas anderem. Ihr Verhalten konnte nicht normal sein. An mangelnder Aufmerksamkeit, zu wenig Auslauf oder zu wenig Beschäftigung konnte es nicht liegen.Ich war mit ihr sooft draußen, dass unsere Nachbarn anfangs der Meinung waren, dass wir 2 Welpen hätten. Endlich hatte ich meinen Mann soweit dass wir zu unserem Tierarzt fuhren. Abeni wurde untersucht, sie war kerngesund. Unser Tierarzt sagte lachend, dass sie Temperament für für 2 Hunde hätte. Super, diese Antwort brachte mich sehr weit. Ich fand seine Aussage überhaupt nicht zum Lachen.Wenn er gesagt hätte, dass Krümel an Schlafmangel litt und sie 1 -2 Schlaftabletten am Tag brauchte, damit sich das regulierte, ich glaube ich hätte ihn umarmt.

Mein Mann bot mir an, dass er so lange ich Krümel-Erziehungsurlaub habe als erster aufstand und das Frühstück machte damit ich ein paar Minuten länger liegenbleiben konnte. Seit Krümel bei uns war, litt ich unter chronischer

Abeni – unsere Begegnung war eine Bereicherung 27

Müdigkeit und Erschöpfungszuständen. Dieses kleine Monster hielt mich tagsüber so auf Trapp, dass auch ich von komaähnlichen Schlafattacken überrascht wurde. Seit Krümel bei uns war brauchten wir keinen Radiowecker mehr, dieser hatte, ausgedient. Vorbei war die Zeit als ich mit sanften musikalischen Klängen geweckt wurde. Krümel war unser vierbeiniger Wecker, der die Hardcoreversion vorzog. Sie meckerte, sie sang und sie knurrte. Sie ließ uns an allem teilhaben, dabei wäre ich froh gewesen, wenn sie ein paar Geheimnisse für sich behalten hätte. Anfangs sang sie noch leise, aber es dauerte nicht lange bis sie eine Lautstärke erreichte, die nervtötend war. Hatte sie sich erst einmal eingesungen, konnte eine musikalische Einlage mehrere Minuten dauern. Heute morgen war sie so in ihren Gesang vertieft, dass ich anstandslos ins Badezimmer gehen konnte. Sogar das Frühstück verlief ohne große Probleme. Wir mussten nur gefühlte l00 Mal sagen runter vom Tisch, auf die Brötchen und den Aufschnitt nebst Marmelade aufpassen, da diese Dinge ansonsten das Laufen gelernt hätten, weil Abeni das Wort warten hasste. Danach räumten wir mit ihrer Hilfe die sie uns freundlicherweise immer ungefragt anbot, den Tisch ab. Als nächstes kam die Spülmaschine an die Reihe. Diese konnten wir nur einarmig ein,-oder ausräumen da Krümel ständig versuchte über die geöffnete Tür in die Spülmaschine zu kriechen. Wenn sie ihrer Meinung nach mit der Hausarbeit fertig war krabbelte sie vollkommen erschöpft auf die Couch und hielt ein Schläfchen. Heute Vormittag wollte ich das Badezimmer reinigen. Das bedeutete für meinen Mann auf Krümel ein Auge zu haben. Ehrlich gesagt hatte ich weder Lust das Badezimmer zu putzen noch auf Abeni aufzupassen, aber eins von beiden musste ich tun, also entschied ich mich für das Putzen, weil die Dinge die ich dazu benötigte weder sangen noch liefen. Als ich fertig war und ins Wohnzimmer kam dachte ich, ich hätte eine Halluzination. Da stand Krümel quietschvergnügt auf dem Wohnzimmertisch und las Zeitung, wobei jede Seite hingebungsvoll mit viel Kommentar zerpflückt wurde.Bevor ich etwas sagen konnte schaute sie hoch, freute sich und machte fröhlich weiter. Sie zeigte nicht einmal ansatzweise dass sie ein schlechtes Gewissen hatte und machte auch keine Anstalten vom Tisch herunterzuspringen. Ich beförderte sie unsanft vom Tisch, sie machte einen Satz, schnappte sich den Rest der Zeitung und rannte in den Garten. Wo war mein Mann ? Ihn hatte ein menschliches Bedürfnis gezwungen das Wohnzimmer zu verlassen. Nach ein paar Minuten schaute ich in den Garten. Es war so ruhig, ich hörte und sah sie nicht. All das waren Anzeichen die auf eine Katastrophe hinwiesen. Ich lief in den Garten schaute mich um, Krümel war nicht zu sehen. Ich rief, sie kam nicht. Da war sehr ungewöhnlich. Sie kam immer recht schnell zu meinem Mann oder mir, weil es dafür Leckerchen gab. Obwohl ich wusste, dass unser Garten ausbruchssicher war, wurde ich unruhig. Ich lief rein, sie war nicht da. Wo konnte sie nur sein ? Mein Mann suchte im Haus aber sie war unauffindbar. Nun liefen wir beide im Garten herum, schauten unter die Büsche und in die Blumenkübel aber dort war sie auch nicht. Plötzlich hörte ich meinen Mann der auf der Terrasse war, rufen. Ich lief zu ihm und sah wie er auf den Servierwagen zeigte. Krümel lag auf dem untersten Boden des Servierwagens und schlief tief und fest. Wir waren froh, dass wir sie gefunden hatten. Der Servierwagen war so lange es ihre Größe zuließ, einer ihrer liebsten Schlafplätze.

Jeder der uns spontan besuchte und mich sah, hatte bestimmt das Gefühl einer Wahnsinnigen oder einem Indianer auf Kriegspfad gegenüberzustehen. Entgegen der Aussage in der Werbung verlief meine Wimperntusche, obwohl sie wasserfest war, meine Gesicht glänzte trotz Makeup wie eine Speckschwarte, obwohl es mattiert war und mein Deo hielt auch nicht das, was die Werbung versprach.Während Krümel schlief, schaute ich mir die Fernsehzeitung an. Dabei fiel mir die Sendung "Super Nanny" ins Auge. Da Hundeerziehung in manchen Punkten mit Kindererziehung gleichzusetzen war, stand für mich fest, dass ich mir diese Sendung heute Abend anschauen werde. Vielleicht fand ich dort eine Lösung. Ein Versuch war es wert man lernte nie aus. In der Sendung mussten die Kinder sich auf die „stille" Treppe setzen und über ihr Verhalten nachdenken. Da Abeni nicht 1 Sekunde auf unserer Treppe sitzengeblieben wäre und über ihr Verhalten keine Millisekunde nachgedacht hätte, gab es bei uns eine "stille Küche". Krümel musste mehrmals am Tag diesen Ort aufsuchen um in sich zu gehen. Allerdings war es nicht einfach sie zu fangen um sie dort abzusetzen. Sie wusste ganz genau was passierte wenn sie Unsinn gemacht hatte und zog es vor, wenn sie die Möglichkeit hatte, vorher zu verschwinden und ihre Ohren auf Durchzug zustellen. Trotz allem hinderte es sie nicht daran weiterhin Blödsinn zu machen.Anfangs saß sie wie ein Häufchen Elend hinter der geschlossenen Glastür und sang. Zuerst sang sie leise einen Blues in der Hoffnung, dass wir sie vorzeitig begnadigen, aber wir dachten nicht daran. Nach ein paar Minuten wurde aus dem Singsang lautes Gebrüll. Sie

Krümel bei der Arbeit

Abeni – unsere Begegnung war eine Bereicherung 31

schrie mehr oder weniger hingebungsvoll ein afrikanisches Kriegslied, das uns vermitteln sollte, dass sie uns fressen würde, wenn wir sie nicht augenblicklich rausließen. Ich zählte von 1-100 und hoffte, dass sie begriff warum sie wieder in der Küche saß. Während ich zählte wurde es plötzlich still. Ich stand auf um sie auf Bewährung rauszulassen. Kaum hatte ich die Tür einen Spalt weit geöffnet, zwängte sie sich durch den Spalt nahm Anlauf und sprang auf den Wohnzimmertisch. Kommentarlos scheuchte ich sie runter um sie wieder in die "stille" Küche zu verfrachten. Kaum war die Küchentür zu da sang sie wieder. Nach ein paar Minuten war sie still. Hatte sie den Text von ihrem 40 Strophen langen Kriegslied vergessen oder war sie betrübt und gelobte Besserung ? Die Ruhe war schön, doch als ich sah, dass sie nicht mehr hinter der Tür saß, ging ich in die Küche um nach dem Rechten zu sehen. Ich machte das Licht an und sah Krümel wie sie fröhlich, ohne ein schlechtes Gewissen zu haben, auf dem Küchentisch herum hopste und sich den Toaster anschaute. Als sie mich sah hüpfte sie vom Tisch auf den Stuhl, dann auf den Boden, lief ins Wohnzimmer und legte sich auf ihr Kissen.

Mit Krümel aufzuräumen machte mir nicht unbedingt Spaß. Anfangs habe ich gewartet, bis sie schlief. Aber irgendwann stellte sich Frage wie schaffte ich meinen Haushalt in Ordnung zu halten wenn ich wieder arbeite ? Ab heute übten wir das Aufräumen. Die ersten Tage waren der blanke Horror. Ich nahm mir vor im Wohnzimmer die Schubladen aufzuräumen. In so eine Schublade passte Krümel bequem rein. Vielleicht sollte ich mein Mann darum bitten, ein paar Löcher in die vordere Front zu bohren, dann hätten wir einen sicheren

Aufbewahrungsort für Krümel. In der Schublade fand sie keine Möglichkeit Blödsinn zu veranstalten. Ich fing mit dem Aufräumen an als Krümel von einem ihrer wenigen aber intensiven komaähnlichen Schlafphasen übermannt wurde. Ich hatte mich bis zur dritten Schublade vorgekämpft, da hörte ich ein leises Gähnen. Es dauerte nicht lange, da war sie wach. Wie es ihrem Naturell entsprach hüpfte sie fröhlich von der Couch und tanzte um den Putzeimer herum. Dann entdeckte sie die Tüte in der sich die Sachen befanden, die ich eigentlich wegwerfen wollte. Es dauerte nicht lange, da steckte ihre Nase in der Tüte. Da Welpen sich meistens mit dem kompletten Körper freuten, brachte sie mit ihrem Popo den Putzeimer gefährlich zum Schwanken, während ihr Kopf noch in der Tüte steckte. Jetzt hätte ich 4 Arme gebraucht. Mit einem Arm hielt ich so gut es ging den Putzeimer fest, mit dem anderen Arm verteidigte ich die Tüte und versuchte die Sachen, die sie bereits in der Schnauze hatte, ihr wieder wegzunehmen. Da Schreien oder lautes Schimpfen nichts gebracht hätte, flötete ich gib es wieder her. Leider brachte mein Flöten nicht den erwünschten Erfolg und meine Motorik machte diese artistische Übung auch nicht mehr lange mit. Der Versuch ihr die Sachen aus der Schnauze zu nehmen schlug fehl. Sie bockte, trat aus und der Putzeimer fiel um. Zum Glück war der Eimer nicht voll. Während ich das Wasser aufwischte, sprang Abeni mit ihrer Beute in der Schnauze, fröhlich in der Wasserlache herum. Mir war zum Heulen zumute und ein böser Gedanke schlich sich durch meine Hirnwindungen warum hast du dir das angetan? Aber wenn sie abends mit uns im Bett lag, sich anschmiegt und uns mit Küssen überschüttete, wusste ich warum es sich lohnte, diese kleine Furie zu erziehen. Sie war ein Rohdiamant der geschliffen werden musste.

Am nächsten Morgen regnete es in Strömen. Ich öffnete die Terrassentür, damit Krümel in den Garten konnte. Sie war gestern Abend um 18.00 Uhr das letzte Mal draußen und jetzt war es 8.30 Uhr. Doch sie blieb wie angeklebt im Türrahmen stehen und dachte nicht im Traum daran, auch nur eine Pfote herauszusetzen. Ich konnte machen was ich wollte. Schließlich stand ich mit Leckerlis und Regenschirm im Garten, um sie herauszulocken, aber sie schaute durch mich durch und ließ mich im wahrsten Sinn des Wortes im Regen stehen. So langsam stieg mein Blutdruck. Ich ging rein und zog meine Jacke aus. Als sie sah das die Terrassentür geschlossen wurde kam sie zu mir, setzte sich vor mich hin, holte tief Luft und fing an zu singen. Der kleine Bock musste raus, also zog ich meine Regenjacke wieder an. Zuerst freute sie sich doch ihre Freude schlug schnell in Frust um als sie merkte, dass es vor der Haustür auch regnete. Sie blieb in der Diele stehen. Sie musste Saugnäpfe unter ihren Pfoten haben weil es mir kaum möglich war sie zu bewegen, als sie auch noch bockig wurde, war es aus. Wenn Krümel Besuch von ihrem afrikanischen Riesenbock hatte, war alles zu spät. Nun wurde ich sauer. Da sie bereits beleidigt war,konnte ihre Laune nicht viel schlechter werden. Ich nahm sie angeleint auf den Arm und ging mit ihr raus. Als wir draußen waren schloss ich das Gartentor auf und setzte eine völlig verdutzte angeleinte Abeni auf den nassen Rasen. Ohne das ich ein Wort sagen musste, pieselte sie gefühlte 5 Minuten. Als sie fertig war schaute sie mich erwartungsvoll an. Ich lobte sie, aber das war nicht was sie wollte. Ein Leckerchen lehnte sie ebenfalls ab. Langsam dämmerte es mir, sie wollte getragen werden, aber diesen Wunsch erfüllte ich ihr nicht. Krümel war mehr als stinkig, auf dem kurzen Weg vom Garten bis zur Haustür nörgelte und meckerte sie, dass es eine Freude war, ihr zuzuhören. Dieses Mal hatte ich gewonnen. Ich freute mich, obwohl Krümel stinkig war. Übrigens Krümel, war der erste Hund, der ein Wutritual hatte, welches nach einem bestimmten Muster ablief. Das Wutritual lief folgendermaßen ab.Zuerst stampfte sie laut meckernd die Treppe nach oben. Oben angekommen rannte sie ins Schlafzimmer um unsere Kopfkissen nebst Oberbetten auf den Boden zu schmeißen, anschließend schob sie die Läufer zu einem kleinen Hügel zusammen. Natürlich wurde jeder Pfotengriff kommentiert. Dabei war sie so laut, dass wir sie im Wohnzimmer hören konnten, anschließend rannte sie wie eine Irre die Treppe herunter. Wer dachte dass sie nun fertig war, unterlag einem Irrtum. Im Wohnzimmer ging es weiter. Als nächstes flogen die Sofakissen auf den Boden war das erledigt, preschte sie zu ihrem Korb in dem sich ihr Spielzeug befand und kippte diesen um. War sie an diesem Punkt angelangt wussten wir, dass gleich alles vorbei war und es nicht mehr lange dauerte, bis sie wieder normal war. Erst wenn es um sie herum aussah als wenn eine Bombe eingeschlagen hätte, war sie zufrieden, legte sich in ihr Hundebett, rollte sich zusammen und schlief. Diese Reihenfolge hat sie bis heute beibehalten, zwischenzeitlich wird sie dabei von ihren Töchtern tatkräftig unterstützt, die sich das Wutritual von ihrer Mama abgeschaut haben. Amüsant war es wenn alle drei zur gleichen Zeit Besuch von ihrem afrikanischen Bock hatten, dann kam der Ablauf des Wutrituals schon einmal durcheinander, weil sie sich im Weg standen. Bis heute haben wir nicht herausgefunden warum sie zuerst nach oben rannten, dort alles durcheinander brachten und anschließend unten weitermachten. Dein Hund das unbekannte Wesen. Alle die dieses Wutritual schon einmal miterlebt haben lachten zuerst um später nur zu staunen und uns fragend anzusehen.

Heute fuhren Krümel und ich ins Büro, weil ich sie dem Rest der Mannschaft, sowie meinem Chef und meiner Chefin vorzustellen wollte. Eine Kollegin hatte bereits das Vergnügen. Während der Autofahrt schlief Krümel tief und fest. Mir wäre es eigentlich lieber gewesen, wenn sich nicht geschlafen hätte, doch darauf hatte ich keinen Einfluss. Ich fuhr gerade auf den Parkplatz, da war sie wach und sofort puppenlustig. Vom Parkplatz bis zum Büro kasperte sie an der Leine herum als, wenn sie sich 10 Stunden nicht mehr bewegt hätte. Leicht schwankend öffnete ich die Bürotür und ging mit ihr zur Anmeldung. Dort war mein Arbeitsplatz aber wenn ich Urlaub hatte, übernahm meine Kollegin diesen Platz. Sie grinste nur, als mich mit Abeni sah. Als ich Abeni ableinte erschnüffelte sie sofort meinen Arbeitsplatz. Das lag wohl daran, weil sich in meiner Schublade ein paar Leckerlis die Tom, der Hund meines Chefs, von mir manchmal bekam, befanden. Jetzt verfütterte meine Kollegin sie an Abeni. Plötzlich ging die Tür auf und mein Chef kam aus seinem Zimmer. Abeni freute sich als sie ihn sah. Er sprach sie an, sie stürzte sich sofort auf ihn und als er sich zu ihr hinunterbeugte um sie zu begrüßen, machte sie einen Satz und hatte das Endstück seiner Krawatte in der Schnauze. Es sah so aus, als wenn sie ihn erwürgen wollte. Nun stand er halb gebückt mit einem wild gewordenen Rhodesian Ridgeback Welpen der an seiner Krawatte hing, in der Anmeldung und sein Gesicht nahm langsam einen ungesunden Farbton an. Im Gegensatz zu ihm hatte meine Chefin tierische Angst vor Hunden dabei war es ihr völlig egal ob ein Dackel oder eine Deutsche Dogge vor ihr stand. Hund war Hund. Doch als sie den Krach hörte, siegte ihre Neugier und sie kam zur Anmeldung Krümel war begeistert.Wieder ein neuer Mensch den sie begrüßen konnte. Das die Freude nur einseitig war störte sie nicht. Sie vertrat die Meinung wenn sie sich freute, freuten sich alle. Nun stand Abeni, die ich wieder angeleint hatte, vor ihr und wartete darauf, dass sie begrüßt wurde. Aber daran dachte meine Chefin nicht. Abeni fand diese Situation sehr unbefriedigend. Sie war freundlich, aber diese Frau nahm keine Notiz von ihr. Plötzlich machte Krümel einen Satz und küsste ihre Nasenspitze. Da meine Chefin sehr klein war, musste sie sich für diese Aktion nicht anstrengen.Mit einem schreienden Nein, verließ meine Chefin fluchtartig die Anmeldung und ließ eine völlig verstörte Abeni zurück. Dann hörte Krümel Tom bellen. Sofort lief sie zu der Tür, setzte sich davor und stimmte ein Lied an. Tom war ein 5 Jahre alter Retrievermix der mit Vierbeinern, egal ob sie weiblich oder männlich waren, nicht viel am Hut hatte. Ich leinte Krümel ab, während er die Tür öffnete. Kaum war die Tür offen, kam Tom wild kläffend herausgestürmt um nachzusehen, wer vor seiner Tür saß und sang. Er hatte allerdings nicht viel Zeit um das herauszufinden da Krümel ehe er sich versah, um ihn wie ein Ping-Pong Ball herumsprang und ihm gleichzeitig ihre Pfoten wie ein Preisboxer um und auf den Kopf schlug. Ihre Bewegungen waren so schnell und fließend, dass Tom nicht mehr wusste wo rechts und links war. Sein Brummen, Grummeln, Zähnefletschen und seine Maßregelungen störten sie überhaupt nicht. Sie machte weiter mit dem Erfolg, dass Tom vor ihr flüchtete. Sie war jetzt außer Rand und Band und nur schwer zu bremsen. Sie raste im Kreis herum, schnappte sich den Türstopper, schmiss ihn in die Luft und kaute darauf herum. Plötzlich ging das Faxgerät an. Abeni änderte sofort ihre Laufrichtung, blieb einen kurzen Moment stehen stutzte, als sie sah wie ein Blatt Papier herauskam, sprang sie an dem Gerät hoch um sich das Schriftstück zu holen. Im letzten Moment konnte ich das noch verhindern. Dann entdeckte sie einen kleinen Stapel abgelegter Akten, die ins Archiv sollten. Sofort wurde ihr Interesse geweckt, den Reißwolf spielte sie für ihr Leben gern. Mein Chef und meine Kolleginnen bekamen große Augen. So etwas hatten sie noch nicht erlebt. Bevor Krümel noch mehr Unsinn verzapfte, erklärte ich unseren Besuch für beendet. Eigenartigerweise überredete uns niemand noch zu bleiben. Offensichtlich reichte ihnen unsere Stippvisite. Abeni wäre sicherlich gerne noch länger geblieben, da sie anfing sich heimisch zu fühlen. Auf der Fahrt nach Hause schlief sie im Kofferraum ein. Konnte sie mit ihrem Mittagsschlaf nicht warten bis wir zu Hause waren ? Zuhause angekommen füllte ich ihren Napf. Da sie sehr hungrig war, inhalierte sie ihr Futter Als sie Schüssel leer war hoffte ich dass sie mit einem vollen Bäuchlein ihren Mittagsschlaf fortsetzte. Leider wartete ich vergeblich. Ihre Akkus hatten sich bereits auf der Fahrt nach Hause aufgeladen dass. Da es sehr warm war und die Sonne schien, öffnete ich die Terrassentür, nahm ein Buch und legte mich auf eine Liege um zu lesen. Irgendwann verschwammen die Buchstaben vor meinen Augen und ich schlief ein. Plötzlich rüttelte jemand an meiner Schulter. Erschrocken öffnete ich die Augen. Vor mir stand mein Mann der nach Abeni fragte. Total verschlafen antwortete ich im Garten. Ich stand auf und ging in die Küche um die Kaffeemaschine anzustellen, da wir Kaffee trinken wollten. Dann hörte ich wie mein Mann nach mir rief. Oje wenn er nicht reinkam, hatte Abeni wieder etwas angestellt doch das war nichts Neues. Hatte sie ein neues Loch gebuddelt ? Falls ja, wäre das eine besondere Leistung, da sich bereits so viele Löcher auf dem Rasen befanden, dass man auf die Idee kommen konnte, dass die Bundeswehr in unserem Garten ein Manöver abgehalten hätte. Ich ging in den Garten. Zuerst sah ich überhaupt nichts bis mein Mann unter eine große Tanne zeigte. Krümel hatte wieder einmal ganze Arbeit geleistet. Da auf dem Rasen für ihre gärtnerischen Tätigkeiten keine freie Stelle mehr vorhanden war, hatte sie unter einer Tanne einen riesiger Krater ausgehoben. Danach mussten Stauden die schon seit einigen Jahren in einem großen Blumentopf wuchsen und an einem Pflanzengitter befestigt waren, daran glauben. Die Stauden hatte sie samt Wurzeln herausgezogen, die Blumenerde war von ihr großzügig auf den kaum noch vorhandenen Rasen verteilt worden, so dass auch die letzten Grashalme ihr Leben aushauchten. Zwischen der Blumenerde und den Pflanzen lagen die Reste des Pflanzengitters. Krümel hatte es völlig zerschreddert. Mitten in diesem Chaos lag sie kaute an einer Wurzel und war mit sich und der Welt restlos zufrieden.Ich hätte ihr das Hälschen umdrehen können. Kommentarlos sammelte ich die Reste des Pflanzengitters ein. Damit sie merkte, dass sie Mist gemacht hatte, strafte ich sie mit Missachtung. Besonders betrübt war sie über meine Reaktion nicht, aber ich war richtig sauer. Der nächste Einkauf fand in einem Spielzeugladen statt. Dort kauften wir eine

Hundeschule,
Besuch im Zoo,
Spaziergang am
Seilersee

Abeni – unsere Begegnung war eine Bereicherung 40

Wasserpistole mit einer Reichweite von l0 Metern. Wenn Krümel etwas hasste, dann war es plötzlich nass zu werden. Es reichten schon ein paar Tröpfchen Wasser die auf ihr Haupt fielen, um ihr den Tag zu verderben.

Krümel hatte natürlich auch viele gute Seiten. Sie war sehr hilfsbereit und drängte einem ihre Hilfe förmlich auf. In einer Familie half man sich schließlich ungefragt und Krümel besaß einen stark ausgeprägten Familiensinn.Kam ich vom Einkaufen zurück lief sie in die Küche, setzte sich hin und schaute zu, wie ich die Einkäufe, die sich in großen Körben befanden einräumte. Leider verwechselte Abeni ständig den Begriff Einräumen mit Ausräumen und Fortschleppen, so dass ich darauf achten mussten, dass der Käse oder die Wurst nicht anfingen zu laufen. Meistens bemerkte ich frühzeitig, wenn die Einkäufe das Laufen lernten. Neulich hatte sie eine Flasche Schaumbad am Wickel. Die Sauerei die entstanden wäre, wenn ich das nicht bemerkt hätte konnte ich noch rechtzeitig verhindern. Abeni hatte für alles Verwendung Vom Kabelbinder bis zur Sicherheitsnadel, sie konnte alles gebrauchen. Nichts war vor ihr sicher. Sie schaute sich die Sachen so lange an bis sie der Meinung war, diese unbedingt haben zu müssen. Dabei war es ihr völlig egal, ob die Dinge essbar waren oder nicht, sie probierte alles. Heute war eine Tüte Reis das Opfer ihrer Begierde. Aus den Augenwinkeln sah ich gerade noch, wie sie damit verschwinden wollte. Nun kam mein Helferlein, die Wasserpistole, zum Einsatz. Ein Griff in den Hundeschrank und ich hatte die Pistole, die ich bereits vor ein paar Tagen mit Wasser befüllt hatte, in der Hand. Nun stand ich wie John Wayne in High Noon vor ihr. Sie schaute mich fragend an, zwischenzeitlich hatte die Tüte schon einige Löcher, so dass bei jeder Bewegung die Reiskörner auf den Boden fielen. Ich sagte gib her, sie schaute mich an und ihr Blick sagte nein, dann schoss ich ohne weitere Vorwarnung. Erschrocken ließ sie die Tüte fallen und schaute mich wie eine schwerst misshandelte Kreatur an. Zwei Sekunden später hatte sie mir bereits verziehen, weil sie mit einer Tüte Puddingpulver verschwinden wollte. Energisch sagte ich wieder gib her und das Wunder geschah, sie ließ freiwillig ihre Beute fallen.Ich hatte gewonnen. Die Wasserpistole und ich waren von diesem Tag an sehr gute Freunde.

Heute ging es zur Saline, dort gab es für Krümel immer etwas zu sehen. Auf der Saline liefen Jogger herum, Radfahrer kreuzten unseren Weg, Mütter gingen mit ihren Kindern spazieren, kleine Kinder spielten auf dem Spielplatz und es liefen Leute mit Einkaufstüten in der Hand herum. Darüber hinaus trafen wir Hundebesitzer die mit ihren Hunden angeleint oder nicht, ebenfalls dort spazieren gingen und es gab einen Kindergarten. Auf dem Weg dorthin übten wir das bei Fußgehen, weil Abeni dieses Kommando permanent missachtete. Man konnte auch sagen, sie hasste dieses Kommando, da sie es immer eilig hatte. Hörte sie ausnahmsweise, waren wir in 10 Minuten dort, aber für Abeni war der Weg immer 9 Minuten zu lang. Da ich immer stehenblieb oder die Richtung wechselte wenn sie anfing zu ziehen konnte es passieren, dass wir 30 Minuten brauchten bis wir endlich dort waren. Für den kommenden Winter brauchte ich bestimmt Pullover mit extra langen Ärmeln. Dachte ich an Abenis Brüder, die Streber, die das bei Fußgehen bereits sehr gut beherrschten und deren Zweibeiner jedes Mal 10 cm größer wurden, wenn sie mit einem Lächeln im Gesicht Heike und mir erzählten,wie gut ihre Hunde hörten, bekam ich Depressionen. Warum klappte es bei ihnen und bei uns nicht ?

Leider hatte Abeni oft andere Vorstellung von dem was Spaß machte als ich. Erschwerend kam hinzu, dass sie sehr neugierig und äußerst wissbegierig war. Wir waren auf der Saline, als uns ein Objekt ihrer Begierde entgegen kam. Dabei handelte es sich um eine kleine ältere Frau, mit einem wehenden Schal und einem Wackelgang, die zwei große Einkaufstüten trug, die sich ebenfalls bewegten. An diesem Mütterchen bewegte sich einfach alles. Solche Menschen passten genau in Abenis Beuteschema. Erst vor ein paar Tagen hatte Abeni, als mein Mann mit ihr draußen war, einer Frau den Laufstock gestohlen. Mit dem Laufstock rannte sie ausgelassen auf der Saline herum und vollführte regelrechte Freudentänze, die von ihrem eigenen Gesang begleitet wurden. Die Frau benahm sich, als wenn ihr ein Bein abhanden gekommen wäre. Als mein Mann ihr den völlig unversehrten Laufstock wiederbrachte, stieß sie noch Verwünschungen aus. Krümel scannte das Mütterchen im Vorbeigehen von oben bis unten ab. Sie konnte sich an ihr einfach nicht sattsehen Als uns ein 11 Monate alter Münsterländer Rüde entgegenkam, ließ ihr Interesse an der alten Dame nach. Da der Münsterländer ohne Leine herumlief, leinte ich Abeni ebenfalls ab, damit die beiden toben konnten. Es machte nicht nur uns Spaß ihnen beim Toben zuzusehen, sogar einzelne Spaziergänger blieben stehen und schauten zu. Die beiden hörten und sahen nichts. Plötzlich brach Krümel das Spiel ab und ließ mich, sowie den verdutzten Münsterländer und dessen Herrchen einfach stehen. Sie rannte wie von einer Tarantel gestochen zu der Frau mit den beiden Einkaufstüten riss an einer Tüte, die Frau ließ die Tüte fallen und die Äpfel sowie die Bananen kullerten auf dem Weg herum. Die Frau hatte sich sehr erschrocken und schimpfte wie ein Rohrspatz. Ihre Reaktion konnte ich sehr gut verstehen, aber zuerst musste ich Abeni einfangen, damit ich die Äpfel und die Bananen aufsammeln konnte, aber das verstand sie nicht. Krümel hatte nicht im geringsten Lust sich anleinen zu lassen und hielt einen Mindestabstand von knapp 2 Metern zu mir. Mein Blutdruck stieg an, ich hatte das Gefühl zu platzen. Abenis Verhalten zeigte mir, dass sie nicht einmal ansatzweise bereit war zu verstehen, was sie sollte. Meiner Meinung nach war sie von einer Sekunde zu anderen dement geworden. Sie vermittelte mir das Gefühl das sie nicht mehr wusste wie sie hieß und wer ich war. Nach einer gefühlten Ewigkeit kam sie freundlicherweise zu mir und ließ sich anleinen. Obwohl ich innerlich kochte, fiel mir Sabine ein, die uns immer ans Herz legte, wenn euer Hund wiederkommt, freut euch. Also freute ich mich, obwohl es mir äußerst schwer fiel. Ich war heilfroh, dass ich nur Obst einsammeln musste. Einige Äpfel hatten Druckstellen, doch den Bananen war nichts passiert. Leider war die Tüte an der Abeni gezogen hatte kaputt, so dass die arme Frau das Obst mit in die andere Tüte stopfen musste. Bevor ich mich entschuldigen und ihr Ersatz anbieten konnte drehte sie ab um im Laufschritt zu verschwinden. Für heute reichte es mir. Zum wiederholten Male fragte ich mich, warum Abeni so anstrengend war. Sie bekam genügend Auslauf, wir gingen in eine Hundeschule, wir beschäftigten uns mit ihr, aber an manchen Tagen war sie ein Monster. Eine Schleppleine ist eine tolle Erfindung und für manche Übungen meiner Meinung nach unerlässlich doch die Handhabung sollte geübt werden, da es ansonsten zu Stürzen, oder Verletzungen kommen kann. Ich spreche aus Erfahrung, außerdem ist es empfehlenswert dem Hund ein Geschirr umzulegen, wenn mit der Schleppleine geübt wird. Die Schleppleine und ich standen ständig auf dem Kriegsfuß. Für mich war es bereits eine große Leistung, wenn ich es schaffte, die 10 Meter lange Leine gekonnt in der Hand zu halten, wenn Krümel sich am anderen Ende der Leine befand. Ich lief ständig Gefahr, dass sich die Leine um meine Füße wickelte oder sich verknotete. Fing Abeni an zu kaspern, wurde die Handhabung äußerst schwierig, da die Leine ständig um meinen Körper baumelte. Sah ich andere Hundebesitzer, die gekonnt, ihre Hunde damit führten, wurde ich grün vor Neid. Bei uns beiden sah es alles andere als gekonnt aus. Das Üben des Kommandos "Zurück" mit dieser Leine war für Grobmotoriker wie ich es war, eine Kunst. Ließ ich Krümel zu weit vorlaufen und trat zu spät auf das Ende der Leine, landete ich auf meinen vier Buchstaben. Hielt ich Krümel zu kurz und passte nicht auf konnte es passieren, dass die Leine durch meine Handflächen rutschte und diese mit Brandblasen verziert waren. Das war ziemlich schmerzhaft.

Mein Mann und ich waren immer froh, wenn Krümel schlief, denn das bedeutete, dass sie keinen Unsinn verzapfte. Leider wurden ihre Erholungsphasen immer kürzer. Manchmal waren wir soweit, dass wir am liebsten den Leuten die uns, wenn Krümel schlief anriefen, den Hals umgedreht hätten. Manchmal wären wir am liebsten auf Zehenspitzen durch das

Nach dem Üben
wird getobt.

Abeni – unsere Begegnung war eine Bereicherung 46

Haus gelaufen um alles was Krach machte zu vermeiden, damit sie nicht frühzeitig aufwachte. Ähnlich erging es den Paketausträgern. Früher freute ich mich wenn sie kamen aber heute waren sie nahe daran ihr Leben zu verlieren, wenn sie mehr als zweimal klingelten. So kam es, dass in Abenis erstem Lebensjahr der Umsatz bei Ebay und Co stark zurückgegangen war, weil ich kaum noch etwas kaufte.

Auf einem unserer Spaziergänge lernten wir Blacky kennen. Blacky war ein 12 Jahre alter Rüde, der Herzchen in den Augen hatte, wenn er Abeni sah. Sie konnte mit ihm machen was sie wollte und das nutzte sie gnadenlos aus. Zu Blacky gehörte aber auch Paul ein 6 Monate alter, sehr ungestümer Gordensettermix. Paul gefiel Abeni auch sehr gut, aber Abeni fand ihn schrecklich. Das lag aber daran, dass sich Paul von ihr nicht alles gefallen ließ. War Paul ohne Blacky unterwegs, machte Krümel einen riesengroßen Bogen um ihn und wurde plötzlich höchst sensibel. Sie schaute mich dann an, als wenn sie sagen wollte, du hast doch nicht ernsthaft vor mit mir zu diesem Rüpel zu gehen ? Er springt, haut mir seine Pfoten auf den Rücken, hört nicht auf sein Herrchen er sabbert, er ist mir viel zu schwarz und er ist mir unheimlich. Paul war der einzige Hund vor dem Abeni, in ihrer Welpenzeit Respekt hatte.Es wurde für uns immer schwerer passende Spielkameraden zu finden. Für Abeni wurde es Zeit, dass wir mit ihr in den Wald fahren konnten, aber für solche Spaziergänge war sie noch zu jung.

Eigentlich hielten wir nicht viel davon mit einem Hund in die Stadt zu gehen, aber da Abeni als Welpe so viel wie möglich kennenlernen sollte, war ein Stadtbesuch unumgänglich. Die Geräusche, die Gerüche, die vielen Menschen mit und ohne Tüten, oder mit und ohne Hunde, war bestimmt ein Feuerwerk für ihre Sinne. Da es heute ein wenig regnete beschlossen wir, mit ihr in die Stadt zu fahren. Krümel, die bekanntlich an einer schweren Regenallergie litt, war ziemlich sauer weil wir ihr zumuteten vom Haus bis zur Garage zu laufen, obwohl es leicht regnete. Ihr hätte es besser gefallen, wenn das Auto schon vor der Haustür gestanden hätte. Als wir losfuhren regnete es in Strömen. Nach längerem Suchen fanden wir einen Parkplatz der nicht weit vom Stadtzentrum entfernt war. Krümel war mehr als bestürzt, als ich den Kofferraum öffnete und verlangte, dass sie rauskommen sollte, obwohl es regnete. Schließlich war sie auf dem Weg zur Garage schon einmal nass geworden. Ihre Augen wurden so groß wie Wagenräder. Wenn sie hätte reden können, hätte sie bestimmt gesagt, mach die Tür zu. Da sie das nicht konnte, stellte sie sich taub und blind. Sie machte keine Anstalten meiner Aufforderung nachzukommen und aus dem Wagen zu springen. Sie blieb wie angeklebt auf ihren kleinen Popo sitzen und starrte Löcher in die Luft. Sie sah uns nicht und sie hörte uns nicht. Wir standen mit geöffneten Regenschirm vor dem Auto, während Krümel es vorzog, nicht auszusteigen.Plötzlich fiel mir der Spruch ein und bist du nicht willig so brauche ich Gewalt. Diesen Spruch wollte ich gerade in die Tat umsetzen, als Krümel einen Hund sah, der ihr offensichtlich gefiel. Ohne zu überlegen sprang sie aus dem Auto. Leider zeigte der Vierbeiner kein Interessen an einem nervigen Welpen, denn er drehte einfach um und ging mit seinem Herrchen weiter. Sie war Luft für ihn. Das verstand sie überhaupt nicht. Für ihn war sie aus dem Auto gesprungen, obwohl es regnete. Krümel war total sauer, fing an zu bocken und wollte wieder zurück aber das ging nicht mehr, denn die Autotür war zu. Nach einem knapp fünfminütigen Fußmarsch erreichten wir das Stadtzentrum. Krümel wusste nicht wo sie mich zuerst hinziehen sollte. Meine Arme wurden länger und länger und damit sie nicht restlos aus der Form gerieten, wechsle ich mich meinem Mann ab. In der Stadt benahm sich Abeni sehr gut, sie zeigte keine Angst und ging auf alles und jeden zu. Zwischenzeitlich goss es so stark, dass wir von einer Überdachung zur anderen liefen um nicht klatschnass zu werden. Dann wurde es sehr kalt, es kam Wind auf und es regnete immer stärker. Wir fingen an zu frieren. Ein Blick auf Krümel zeigte uns, dass auch sie fror, denn sie zitterte wie Espenlaub. Ohne lange zu zögern nahm ich sie auf den Arm und drückte sie fest an mich. Das gefiel ihr sehr. Vor lauter Dankbarkeit, ging sie mit ihrer Zunge quer über mein Gesicht, so dass ich mir heute Abend bestimmt das Abschminken sparen konnte. Durch den starken Wind ergoss sich das Regenwasser welches von den Markisen aufgefangen wurde, nun über die darunterstehenden Menschen. Mein Mann beschloss vorzulaufen um mit dem Auto an das Stadtzentrum heranzufahren, damit ich mit Krümel nicht soweit laufen musste. Der Spaziergang durch die Stadt hatte damit sein Ende gefunden. Wir waren froh als wir im Auto saßen.

Meiner Meinung nach reicht es bei einem Ridgeback nicht ein Kommando fünfzigmal zu wiederholen oder zu üben. Je nachdem um welches Kommando es sich handelte, biss ich mir bei Krümel eher einen Zahn aus, als das sie einen Begriff der ihr nicht gefiel, schnell verinnerlichte. Wahrscheinlich wird sie der erste Hund sein, der wenn ich Glück habe, wenigstens weiß wie er heißt und das Wort Leckerchen kannte. Seit einiger Zeit übte ich mit ihr die Begriffe Nein, Pfui und Aus. Obwohl es nur 3 kurze Begriffe waren, weigerte sie sich standhaft diese zu verstehen, da es augenscheinlich Tagverderberwörter waren. Erstaunlich war, wenn es ein Kommando oder ein Wort gab das ihr gefiel, wie z.B Frühstück wusste sie schon beim zweiten Mal worum es ging. Typisch Ridgeback.

Heute trafen wir auf unserem Spaziergang einen 2 Jahren alten Wolfsspitz der sich freute als er Krümel sah. Ich fragte sein Frauchen ob die beiden miteinander spielen durften. Sein Frauchen sah mich an, als wenn ich chinesisch gesprochen hätte. Auf meine Frage antwortete sie, dass ein Wolfsspitz ein Haus - und Hofhund sei und diese Rasse nicht spielte. Es fiel mir schwer das zu glauben. Um mir zu zeigen das sie recht hatte, ließ sie ihn von der Leine. Abeni und Moritz schauten sich an und es dauerte keine Sekunde, da hatte Krümel bei ihm den richtigen Knopf gedrückt und sie fegten kreuz und quer über das Feld. Nun stand seinem Frauchen der Mund offen. Sie war völlig überrascht als sie Moritz zusammen mit Abeni auf dem Feld herumrennen sah. Ich freute mich, während sie immer wieder sagte das glaube ich nicht, er spielt doch sonst nicht. Ich verkniff mir eine Bemerkung. Die beiden rannten, sprangen und tobten fast 30 Minuten über das Feld. Danach blieb Moritz platt wie eine Flunder liegen und rührte sich nicht mehr. Ich hatte das Gefühl als wäre er das erste Mal in seinem Hundeleben so gerannt. Abeni hätte gerne noch ein bisschen weiter mit ihm getobt aber Moritz hatte keine Lust mehr. Bevor wir nach Hause gingen fragte ich, ob wir uns morgen wieder sehen. Eine richtige Antwort bekam ich nicht. Am nächsten Tag warteten wir vergeblich auf Moritz. Er durfte nicht mehr mit Abeni spielen, weil er den Rest des gestrigen Tages fast nur geschlafen und nicht mehr richtig aufgepasst habe, sagte sein Frauchen als sie uns am Gartentor stehen sah. Jetzt blieb mir der Mund offenstehen. Die ersten Tage, blieb Krümel an dem Gartentor stehen, wenn wir an dem Grundstück vorbeigingen und wartete auf Moritz. War er im Garten und sah uns kam er angerannt, winselte, jaulte und bellte, aber niemand ließ ihn raus. Nach ein paar Tagen lief Krümel an dem Garten vorbei. Es war ihr egal ob Moritz draußen war oder nicht. Er interessierte sie nicht mehr. Mittwochs fuhren mit Krümel in die Hundeschule. Es machte allen Spaß und wir lernten sehr viel über uns und unsere Körpersprache.

Bevor der Unterricht anfing durften unsere Hunde erst einmal toben. In dieser Zeit erzählte uns Frau Stremlau was auf dem Plan stand. Heute sollten wir unsere Vierbeiner animieren durch einen Tunnel zu laufen und zu uns kommen Auf einer Seite des Tunnels stand Frau Stremlau mit dem Welpen an der Leine, während der dazugehörige Zweibeiner auf der anderen Seite stand. Ich stand lächelnd da, war voll motiviert und freute mich auf diese Übung. Das dürfte nicht schwierig sein dachte ich und sah uns schon als Gewinner. Die ersten zwei Durchläufe machten Abenis Brüder. Sie wurden gerufen, Frau Stremlau ließ die Leine los, sie rannten blitzschnell durch den Tunnel und kamen ohne Verzögerung bei ihren Zweibeinern an. Als nächstes kamen Kimba und Abeni an die Reihe. Es fing mit Kimba an. Als sie losgelassen wurde, versuchte sie zuerst den Tunnel woanders hinzuschieben, als das nicht funktionierte sprang sie darauf herum und legte sich zum Schluss auf den Tunnel um eine Pause zu machen. Wir lachten uns kaputt weil es so niedlich aussah, wie sie trotzig auf dem Tunnel liegen blieb und keine Lust hatte irgendetwas zu machen. Sie machte alles nur nicht das, was sie sollte. Heike, die am anderen Ende des Tunnels stand, tat mir leid. Sie rief, flötete und grummelte, aber Kimba reagierte nicht. Es war egal welche Geräusche Heike von sich gab, oder was sie machte, Kimba reagierte nicht. Irgendwann griff Frau Stremlau ein und siehe da, es klappte auf Anhieb, Kimba kam da an wo sie sollte. Nun kamen Krümel und ich an die Reihe. Hoch motiviert ging ich zum anderen Ende des Tunnels. Ich war felsenfest davon überzeugt, dass es bei uns besser klappte. Am anderen Ende des Tunnels angekommen, rief ich und Abeni reagierte sofort, so dass Frau Stremlau die Leine losließ. Ich freute mich, doch was war das ? In der Mitte des Tunnels angekommen legte Krümel sich hin ging weder vor noch zurück und schaute mich aus großen Augen an. Wahrscheinlich wartete sie darauf, dass ich ihr entgegengekrochen kam. Nun stand ich, wie Heike vor mir, da und rief flüsterte oder pfiff, aber Krümel stellte ihre Ohren auf Durchzug. Die Sturheit die Krümel an den Tag legte, wenn sie etwas machen sollte, was ihr nicht passte, war enorm. Ich hätte gerne gewusst was sie dachte, aber wer weiß wozu es gut war, dass ich das nicht konnte. Zwischenzeitlich hatte sich auf der anderen Seite des Tunnels eine Schlange gebildet, da jeder Hund 2 Durchläufe machen sollte. Nach einer gefühlten Ewigkeit half mir Frau Stremlau, dann ging es weiter. Bei der nächsten Übung sollten wir mit unserem Hund an der Leine um 12 Wendestangen laufen. Dieses Mal war ich nicht so euphorisch. Für meine ausgeprägte Rechts,-und

Linksschwäche, barg diese Übung einige Schwierigkeiten. Bei Abenis Brüdern sah die Übung sehr ästhetisch aus. Sie liefen ohne an der Leine zu zerren und ohne Bock mit ihrem Frauchen um die Stangen. Als ich das sah, stieg ein leichtes Neidgefühl in mir hoch. Aber ich hatte nicht genügend Zeit um mich mit meinem Neidgefühl zu beschäftigen, da Abeni und ich an der Reihe waren. Die ersten beiden Stangen passierten wir ohne Schwierigkeiten und ich hoffte innerlich, dass es so weiter ging, doch Abeni hatte nicht vor mit mir die restlichen 10 Stangen auch noch zu umlaufen. Für sie war die Übung nach der Umrundung der ersten beiden Stangen beendet. Als sie jedoch merkte das sie sich geirrt hatte und sie weiterlaufen musste, fing sie an zu bocken und ich kam total aus dem Rhythmus. Wir ließen Stangen aus andere umkreisten wir dafür zweimal. Ich hatte das Gefühl als wenn wir bereits drei Durchläufe hinter uns gebracht hätten Mein Arm wurde immer länger, meine Kräfte sowie meine Lust ließen nach. Ich hoffte, dass Frau Stremlau nicht so genau hinsah. Nach der 5 Stange tat ich so, als wenn wir fertig waren. Doch diese Mogelei ließ Frau Stremlau nicht gelten, sie hatte ihre Augen überall. Mit ihrer Hilfe schafften wir die Übung und beim zweiten Durchlauf klappte es bereits viel besser. Durchsetzen und weitermachen lautete die Devise. Das hörte sich sehr gut an war aber gar nicht so leicht, da mein innerer Schweinehund sich ab und zu meldete um mir zu signalisieren, dass ich eigentlich auch keinen Bock mehr hatte. Die letzten 10 Minuten durften unsere Hunde miteinander toben. Zur Freude aller ließ Frau Stremlau Uzuri, die Mama der Rasselbande, raus. Ihre ehemaligen Babys freuten sich wahnsinnig, bei Uzuri war die Freude nicht mehr so groß. Als es ihr zu bunt wurde und Abeni sowie Kimba ihr zum wiederholten Mal in die Hinterläufe gekniffen hatten, holte sie tief Luft und knurrte. Wir konnten kaum glauben was wir sahen. Die beiden hörten sofort auf sie zu ärgern. Die anderen blieben bewegungslos stehen und gaben keinen Mucks mehr von sich. Uzuris Verhalten beeindruckte mich sehr stark. Sie musste nur einmal tief Luft holen, während ich mir den Mund fransig redete. Ich nahm mir vor das auch auszuprobieren.

Am nächsten Tag bekam ich Gelegenheit das Gelernte in die Tat umzusetzen. Ich ging in den Keller um Wäsche aufhängen. Meine Freundin die Wasserpistole ließ ich oben, weil ich Krümel anknurren wollte.Während ich damit beschäftigt war Wäsche aus der Maschine zu nehmen um sie aufzuhängen, hatte Abeni nichts anderes im Sinn, als die Wäsche wieder abzunehmen. Die erste Verwarnung erfolgte. Sie ließ, ohne das ich knurren musste die Wäsche hängen, holte sich dafür aber die Wäschestücke gleich aus der Maschine. Nach der dritten Verwarnung wurde ich sauer und fing an zu knurren. Krümel sah mich verdutzt an, überlegte kurz, dann bellte sie mich an. Das war seltsam, denn als sie gestern von Uzuri angeknurrt wurde, gab es keine Widerworte. Ich knurrte noch einmal, aber das Ergebnis war niederschmetternd. Krümel kümmerte sich weiter um die Wäsche,stellte sich dumm und tat so, als wenn sie nichts gehört hätte. Als ich sie noch einmal anknurrte, drehte sie auf. Der Wäscheständer fiel mit der frisch gewaschenen Wäsche um und sie sprang mit 2 Gästehandtücher in der Schnauze auf der Wäsche herum und rannte damit durch den Keller. Genervt gab ich schließlich auf und bemühte mich um Schadensbegrenzung. Die Wäsche musste ich noch einmal waschen. Dieses Experiment war gescheitert. Auch knurren will offensichtlich gelernt sein.Krümel war 16 Wochen alt und kam nun an Dinge heran von denen sie vor ein paar Wochen noch geträumt hatte. Sie fand das herrlich, wir nicht. Außerdem hatte sie mit einem umfassenden update ihr morgendliches Weckritual erweitert. Dies fing damit an, dass sobald sich ein kleiner Lichtstrahl durch die Jalousien drängte, für sie die Nacht zu Ende war und zwar ohne Kompromisse. Im Sommer passierte es oft das wir um 5.00 Uhr morgens hellwach waren. Das Weckritual bestand aus 3 Stufen. Stufe 1 war harmlos, denn sie tanzte nur wie ein Indianer laut singend um unser Bett herum. Bei Stufe 2 überprüfte sie ob wir noch lebten. Sie schob ihren Kopf unter unsere Oberbetten und zwickte in unsere Zehen. Das war ziemlich schmerzhaft, aber noch auszuhalten. Erfolgte weder bei Stufe 1 noch bei Stufe 2 eine für sie zufriedenstellende Reaktion, ging es mit Stufe 3 weiter. Stufe 3 beinhaltete eine Expressreanimation, dann sprang und hüpfte sie auf unseren Bäuchen herum wie auf einem Trampolin, so dass ich das Gefühl hatte, mein Abendbrot von gestern würde wieder hochkommen.

Krümel hatte ein neues Spiel für sich entdeckt, sie versteckte ihren Kauknochen in einem sehr großen Blumentopf in dem eine 10 Jahre alte Yukka-Palme stand. Hatte sie keine Lust mehr ihren Büffelhautknochen zu bearbeiten stand sie auf und legte ihn in den Blumentopf. Soweit, so gut. Das durfte sie so lange machen, bis sie auf die Idee kam den Knochen dort zu vergraben. Rund um den Blumentopf sah es dann aus, als wenn wir vorgehabt hätten, ein Blumenbeet im Wohnzimmer anzulegen. Als ich sie das erste Mal beim Vergraben des Knochens erwischte, nahm ich ihr den Knochen weg, und legte ihn auf ihren Platz, dann stand sie auf und legte ihn wieder in den Blumentopf.So ging das hin und her, bis ich den Kauknochen verschwinden ließ. Darüber war sie so sauer, dass sie anfing, ihre Zähne an unseren Küchenstühlen zu wetzen. Das reichte, sie bekam den Knochen wieder. Bevor sie den Kauknochen erneut im Blumentopf verschwinden ließ nahm ich den Knochen, ging damit in den Garten und legte ihn in ein Beet. Damit wollte ich ihr signalisieren, dass sie den Knochen dort vergraben durfte, allerdings dauerte es nicht lange, da kam sie fröhlich mit ihrem Knochen in der Schnauze wieder rein. Sie wollte ihn nicht im Garten lassen und vergraben wollte sie ihn dort auch nicht. Wahrscheinlich hätte sie den Büffelhautknochen draußen vergraben, wenn es verboten gewesen wäre.

Zwei Tage später erwischte ich sie, wie sie den Büffelhautknochen wieder im Blumentopf vergraben wollte. Mit dem Kauknochen in der Schnauze lief sie in Richtung Blumentopf. Sie schaute mich kurz an und lief weiter. Diese Reaktion zeigte mir, dass sie genau wusste, dass sie das nicht durfte. Na warte dachte ich und mir fiel ein, dass meine Freundin die Wasserpistole, schon lange, nicht mehr zum Einsatz gekommen war. Ich holte sie aus dem Schrank, setzte mich auf die Couch und wartete. Sie legte den Knochen in den Blumentopf und wollte gerade hineinklettern, als ich ohne Vorwarnung schoss. Ihre Reaktion war filmreif. Sie sprang wie eine Furie um Blumentopf herum, schaute völlig entsetzt nach oben, nach links, nach rechts und drehte sich. Sie lief zur

Couch, setzte sich hin, legte ihre Stirn in Falten und schaute sich aus sicherer Entfernung den Blumentopf an. Ich konnte sehen wie es hinter ihrer Stirn arbeitete. Aber so schnell gab Krümel nicht auf. Nachdem sie den Schreck verdaut hatte, hüpfte sie wieder von der Couch. Sie schnüffelte, lief noch einmal um den Blumentopf und wartete. Als nichts passierte, machte sie Anstalten erneut in den Blumentopf zu klettern. Jetzt kam die Wasserpistole erneut zum Einsatz. Das gefiel ihr überhaupt nicht. Sie schaute mich an und meckerte ganz laut da sie wusste, dass ich es war, die sie nassgespritzt hatte. Von diesem Tag an ließ sie den Blumentopf in Ruhe. Der Zweck heiligte die Mittel.

Eines Tages sah ich wie sie etwas in der Schnauze hatte und damit fröhlich im Garten herumrannte. Da ich nicht wusste was es war, ging ich auf die Terrasse .Dort hörte ich ein sehr vertrautes Geräusch nämlich das Freizeichen eines Telefons bzw. unseres Telefons. Offensichtlich hatte sie mit den Zähnen die Anruftaste eingedrückt, so dass ständig das Freizeichen zu hören war. Da unsere Besitztümer in einem schleichenden Prozess, allerdings ungefragt, von uns zu ihr überwechselten war sie wohl der Meinung, dass eine Hündin von Welt wenigstens ein Telefon brauchte. Heutzutage hatte jeder ein Handy, warum sollte sie dann kein Telefon haben ? Dank der Flatrates musste ich mir wenigstens keine Gedanken um die Telefonrechnung. Schneller als gedacht, fand sie das Teil langweilig und ließ es im Garten liegen.

Abeni war eine Hündin die vielseitig interessiert war und viele Hobbys hatte. Eine ihrer Lieblingsbeschäftigung war die

Gestaltung unseres bzw. ihres Gartens. Dabei gab sie sich sehr viel Mühe und arbeitete oftmals bis zur völligen Erschöpfung. Offensichtlich hatte ein afrikanischer Löwenhund andere Vorstellungen davon wie sein Garten auszusehen hatte, als seine Zweibeiner. So wie es aussah hatten wir Glück, dass Nangu, Cinga und Eljano sich nur um Pflanzen sowie um gelbe,- und orangefarbene Blumen gekümmert hatten und der Rasen sowie die Beete ihnen egal waren. Krümel hingegen, nahm das Graben von Löchern auf dem Rasen sehr ernst. Sie wurde fuchsteufelswild wenn sie nach ihrem Mittagsschläfchen in den Garten ging und feststellen musste, dass die Löcher wieder zu waren, weil mein Mann die Gunst der Stunde genutzt hatte. Irgendwann beschloss mein Mann schweren Herzens, die Löcher nicht mehr zuzumachen und so schlossen die beiden unbeabsichtigt einen Kompromiss. Von diesem Tag an grub Abeni auf dem Rasen keine neuen Löcher mehr und mein Mann machte die von ihr als Gartenarchitekten, angelegten Löcher nicht mehr zu. Die Blumenkübel bepflanzten wir zunächst auch nicht, sondern stellten sie auf die Terrasse. Als wir später neue Pflanzen einsetzten passierte das nächste Wunder. Krümel nahm keine Notiz mehr von ihnen und ließ sie in Ruhe. Das bedeutete aber nicht, dass sie im Garten keine Arbeit mehr hatte. Als Gartenarchitektin fand sie immer Arbeit. Im Schweiße ihres Angesichts fing sie an, die Beete umzugestalten. Sie war damit so beschäftigt, dass mein Mann die Löcher auf dem Rasen zumachen und Gras säen konnte. Es war die Zeit der Wunder. Der Rasen wuchs, die Löcher blieben zu und unsere Beete bekamen einen neuen Look. Das Krümel ein "echter" afrikanischer Löwenhund war wurde ihr jeden Tag bewusster, denn sie war ständig auf der

Suche nach etwas was sie jagen und erlegen konnte. In Ermangelung von Löwen oder Großwild dienten unsere Zehen und Fersen als Objekt ihrer Begierde. Das wir darüber nicht begeistert waren, störte sie nicht. Es dauerte aber nicht lange, da hatte sie ein anderes Opfer gefunden. Oben in der Diele saß seit Jahren ein großes Schaf. An dieses Schaf erinnerte sie sich eines Tages. Sie stürzte nach oben um sich mit lautem Gebrüll auf das Schaf zu schmeißen um es an Ort und Stelle mit einem Genickbiss zu töten. Mit dem Kadaver kam sie die Treppe heruntergerannt, lief stolz mit hoch erhobenem Kopf und ihrer Beute an mir vorbei, um dem Schaf im Garten den Rest zu geben. Obwohl ich sehr ärgerlich war, musste ich innerlich lachen. Da das Schaf nicht mehr zu retten war, überließ ich es ihr. Als mein Zorn verraucht war, ließ sie sich voller Stolz, wie eine echte Großwildjägerin, mit ihrer Beute von mir fotografieren.

Abeni und ich freuten uns immer auf die nächste Unterrichtsstunde in der Hundeschule, weil Frau Stremlau diese mit viel Herz, Engagement sowie Können gestaltete. Natürlich gab es Stunden in denen es mit Abeni und mir nicht so gut klappte, aber für uns stand fest, dass wir nach der Welpenschule weitermachten. Mir tat es gut, wenn Heike mit Kimba da war, denn je größer die beiden wurden umso mehr Unsinn machten sie. In Heike hatte ich eine Leidensgenossin, wir trösteten uns gegenseitig. Trafen Abeni und Kimba sich war die Freude so groß, dass es kein Halten mehr gab. Für uns bedeutete das die Hunde schnellstmöglich abzuleinen, damit sie uns nicht umrannten. Ein Rhodesian Ridgeback bremst vor Pfützen ab, weil er nass werden konnte, er bremst vor Bäumen ab, weil er sich weh tun konnte, aber seine Leute rannte er gnadenlos um, weil er sich dabei weder weh tat, noch nass wurde.

Abeni brachte uns oft an den Rand des Wahnsinns. Ich kann mich noch sehr gut daran erinnern dass ich, als sie 7 Monate alt war, heulend im Wohnzimmer auf dem Teppich saß weil ich dachte, dass wir an diesen Hund scheitern. Übrigens erging es Heike und Jürgen ähnlich. Auf der Fahrt in den Urlaub fiel ihnen ein Schild an der Straße in die Augen auf dem das Wort Tierheim stand. Für einen kurzen Augenblick dachten sie was wäre wenn ? Aber sie und wir haben es geschafft und uns im wahrsten Sinn des Wortes mit unseren Vierbeinern zusammengerauft. 2 Jahre Hundeschule, die vielen blauen Flecke, der Muskelkater, der Frust, sowie die Tränen haben sich gelohnt. Aus Abeni, aber auch aus Kimba sind wunderbare Hündinnen geworden, die sehr gut hören und überall beliebt sind. Wer sie heute sieht kann sich kaum vorstellen, dass beide richtige Satansbraten waren. Sie waren eben richtige Ridgebacks.

Auf den Fotos ist Abeni mit ihren Freunden zu sehen. Links oben Abeni außer Rand und Band, auf dem Heuballen stand Abeni mit ihrer Schwester Kimba, rechte Seite Mitte, Abeni mit ihrem Freund chandu, bei uns im Garten.

Abeni – unsere Begegnung war eine Bereicherung 61

Abeni wird Nanny

Eines abends mein Mann und ich lagen zusammen mit Krümel auf der Couch, klingelte das Telefon. Es war unser Sohn der uns überglücklich mitteilte, dass wir Großeltern werden. Unsere Freude steckte Krümel an, die ganz wuschig wurde, obwohl sie gar nicht wusste, worum es ging und warum wir mit einem Mal so munter waren. Als Tinas Bäuchlein wuchs, wollten wir Abeni das Anspringen abgewöhnen. Witzig an dieser Unart war, dass sie nur Menschen ansprang, die sie heiß und innig liebte. Eine Woche später kamen Tina und Marc zu Besuch. Abeni wollte gerade an ihr hochspringen, da sagte ich Nein und sie reagierte erstaunlicherweise sofort. Als die beiden sich auf die Couch setzten, legte Abeni sich neben Tina, scannte sie ab, schaute sie sehr lange und intensiv an und fing an mit ihr zu schmusen. Sie blieb die ganze Zeit neben ihr liegen. Für uns sah es so aus, als wenn sie gemerkt hatte, dass Tina ein Baby erwartete. Am 01.09.2013 rief unser Sohn an und teilte uns mit, dass er mit Tina im Krankenhaus sei. Wir waren sehr aufgeregt und drückten fest die Daumen. Nun hieß es warten. Am 02.09.2012 kam die ersehnte Nachricht, dass Mutter und Sohn wohlauf waren. Überglücklich fuhren wir zum Krankenhaus. Auf dem Weg dorthin überlegten wir, wie wir Abeni auf Jonah vorbereiten können. Bisher stand sie immer im Mittelpunkt. Im Krankenhaus angekommen lagen alle 3 glücklich zusammen im Bett. Wir konnten uns an Jonah gar nicht sattsehen und waren stolz auf unsere Kinder. Es kamen viele Erinnerungen hoch, da in diesem Krankenhaus auch unser Sohn auf die Welt kam. Bevor wir uns von der kleinen Familie verabschiedeten, bat ich Tina um ein Tuch auf dem Jonah gelegen hatte. Zu Hause angekommen wurden wir von Abeni begrüßt, als wenn wir 10 Jahre weg gewesen wären.Nachdem sie sich beruhigt hatte, holte ich das Tuch und legte es in ihr Hundebett. Neugierig schnüffelte sie daran. Das Tuch sollte ihr helfen, sich an den Geruch zu gewöhnen. Auffällig war, dass sie das Tuch seit dem immer mit sich herumschleppte.

Heute besuchten wir mit Abeni zum ersten Mal unseren Enkel In Dortmund angekommen, machten wir alles wie immer. Da unsere Kinder in der sechsten Etage wohnten, wurde Krümel abgeleint damit sie in ihrem Tempo zur Wohnung unserer laufen konnte. Die Wohnungstür wurde, wenn wir kamen, immer angelehnt, so dass Krümel als erste die Wohnung betrat. Auf dem Weg zur sechsten Etage legte sie immer in der vierten eine Pause ein, weil die Familie die auf dieser Etage wohnte, einen Hund hatte der jedes Mal ausflippte, wenn jemand dort vorbeiging. Da Abeni gerne provozierte blieb sie so lange vor der Haustür stehen bis sie es geschafft hatte, den Vierbeiner auf sich aufmerksam zu machen. Sie schnüffelte laut, schob die Fußmatte hin und her und wartete. Es dauerte nicht lange da wurde ihre Geduld belohnt. Der Hund hatte sie gehört und stand nun bellend hinter der Tür. Krümel holte einmal tief Luft und bellte zurück. Ich wusste nicht was sie gesagt hatte, aber hinter der Wohnungstür wurde es sofort still. Danach lief sie fröhlich weiter. Noch 2 Stockwerke dann hatte sie die Wohnung unserer Kinder erreicht. Als wir in die Wohnung kamen saß sie bereits aufgeregt vor einem großen Hamsterkäfig. Das kleine Fellknäuel zeigte überhaupt keine Angst und vollführte direkt vor ihrer Nase Kletterübungen. Sie schnüffelte an ihm und leckte vorsichtig seine Pfötchen ab. Abeni war restlos begeistert, so ein Tierchen hatte sie noch nie gesehen und wäre am liebsten zu ihm in den Käfig gekrochen. Plötzlich musste sie niesen,als sie ihm dabei Luft in sein Fell blies, war das für den kleinen Hamster zuviel. Er fiel vor Schreck von seiner Kletterstange und verschwand blitzschnell in seinem Häuschen. Abeni war traurig, weil sie nicht verstand, warum das kleine Fellknäuel sich nicht mehr sehen ließ, obwohl sie sang und piepste.

Als Jonah ins Wohnzimmer gebracht wurde leinte ich sie vorsichtshalber an, weil wir nicht wussten ob sie eifersüchtig wurde, wenn wir den Kleinen abwechselnd auf den Arm nahmen. Der Blick den sie mir zuwarf, sprach Bände, sie war zutiefst beleidigt. Wir genossen jede Sekunde mit unserem Enkel. Abeni benahm sich unauffällig, sie war ruhig, lieb und gelassen. Da sie so brav war, leinte ich sie wieder ab. Jetzt durfte sie Jonah das erste Mal abschnüffeln. Es war erstaunlich wie behutsam dieses Trampeltierchen sein konnte. Sie beschnupperte ihn vorsichtig, küsste sein Köpfchen, schaute sich voller Begeisterung die kleinen Hände und Füße an und suchte seine Nähe. Nun stand das Windelwechseln an. Krümel durfte mit in Jonahs Zimmer. Sie beobachtet jeden Handgriff, nahm jede Bewegung von Jonah wahr, auch wenn sie noch so zaghaft war. Sie war beim Fläschchengeben sowie beim Baden dabei. Es war ihr anzumerken wie glücklich sie war, dass sie an allem teilhaben durfte. Es war ein wunderschöner Tag, wir waren sehr stolz auf unseren Krümel und sehr erleichtert. Eine Hürde hatten wir genommen, nun blieb abzuwarten wie sie sich verhielt, wenn Jonah zu uns kam. Vierzehn Tage später stand

*Abeni sieht zum
ersten Mal Jonah*

Wann kommt Jonah ?

Abeni – unsere Begegnung war eine Bereicherung 65

der erste Besuch unserer Kinder mit Jonah an. Wir stellten das Reisebett auf, dann ging ich in die Küche. Als ich wieder ins Wohnzimmer kam war ich sprachlos, weil Abeni völlig entspannt in dem Reisebett lag und schlief. Ich machte sie wach und sie krabbelte verschlafen aus dem Reisebett. Gegen 15.00 Uhr klingelte es.Ich öffnete die Tür und unsere Kinder kamen mit Jonah, der in einer Babyschale lag, rein. Abeni war total aus dem Häuschen so sehr freute sie sich ihn wiederzusehen. Die Babyschale wurde auf die Couch gestellt damit sie in Ruhe Kontakt zu ihm aufnehmen konnte. Sie war genau wie beim ersten Mal total entspannt und blieb in seiner Nähe. Bevor die kleine Familie wieder nach Hause fuhr ließen sie ein paar Söckchen von ihm da, weil sie Abeni gefielen. Wir waren froh, dass die Begegnung in ihrem Revier ebenfalls ruhig und entspannt verlaufen war. Jetzt mussten die beiden langsam zusammenwachsen. Als die drei weg waren, saß Abeni vor dem leeren Reisebett und jammerte. Innerhalb kürzester Zeit hatte sie unseren Enkel fest in ihr Herz geschlossen. Im Laufe der Zeit lernte sie sich behutsamer zu bewegen, wenn Tina Jonah auf dem Arm hatte und er gefüttert wurde. Ein besonderes Highlight für Krümel war, wenn Jonah das Fläschchen nicht leer getrunken hatte, denn sie bekam den Rest in einer kleinen Schüssel serviert. Da unsere Kinder, Abeni an allem teilhaben ließen, wenn Jonah da war und sie nie ausgeschlossen wurde, klappte es mit beiden sehr gut. Das erste Jahr mit Jonah war nicht nur für uns ,sondern auch für Abeni sehr spannend. Sie lernte Spielzeug kennen, das sie noch nie gesehen, aber gerne selbst besessen hätte. Sprechende Tiere, blinkende Autos, Spieluhren die sich drehten, Bücher die knisterten, all diese Dinge versetzten sie in helle Aufregung und das eine oder andere Teil verschwand still und heimlich in ihrem Hundebett. Auf Jonahs Söckchen sowie auf seine winzigen Schuhe, die einen Bommel hatten, fuhr sie total ab. Sie war völlig aus dem Häuschen wenn Jonah seine kleinen Füße die in Schühchen mit dem Bommel steckten, bewegte. Da erwachte ihr Jagdinstinkt und mit einer an Zauberei grenzenden Geschwindigkeit zog sie ihm die Schühchen sowie seine Strümpfe aus und verschwand damit. Als Jonah anfing zu krabbeln, war sie sein Schatten. Einige Monate später stand Jonahs erster Geburtstag an. Unser Kinder kamen bereits vormittags zu uns um alles zu schmücken, während ich mit Abeni einen Spaziergang machte. Als wir zurückkamen waren die Arbeiten voll im Gange. Das erste was Abeni machte als sie reinkam, sie schaute wo Jonah war. Damit unser Enkel nicht zwischen den Luftballons, dem Geschenkpapier sowie den Kartons verschwand, saß er in seinem Reisebettchen. Abeni legt sich sofort vor das Bett und begrüßte ihn, indem sie ihre Nase fest an das Fenster des Reisebettes drückte. Jonah machte das gleiche. Alles und jeder wurde geschmückt. Sogar Abeni blieb nicht verschont. Wir waren gespannt wie sie reagierte, wenn die Gäste kamen von denen sie die Hälfte nicht kannte. Bei jedem Luftballon der platzte zuckten wir zusammen, während Abeni und Jonah nicht einmal mit der Wimper zuckten. Abeni und Jonah ruhten in sich. Nach und nach trafen die ersten Gäste ein. Abeni blieb in Jonahs Nähe, wie ein Bodyguard. Als sie merkte, dass niemand Jonah etwas Böses wollte, entspannte sie sich. Viel Spaß hatten die beiden beim Auspacken der Geschenke Wenn es nach ihr gegangen wäre, hätte sie die Hälfte des Spielzeugs am liebsten für sich behalten. Eine Raupe die 10 Lieder sang, redete und Geräusche machte, hatte es ihr besonders angetan. Sie entschied dass die Raupe ihr gehörte und schleppte sie zu ihrem Hundebett. Die Knöpfe waren groß und stabil, so dass es Abeni schaffte, die Raupe singen zu lassen. Da Krümel sehr musikalisch war und zu unserem Leidwesen genauso ,sehr gerne redete, hatte die Raupe bei ihr einen 24 Stunden-Job. Von diesem Tag an hieß die Raupe Brüllwurm. Besonders angenehm für unsere Ohren war es, wenn Abeni zusammen mit dem Brüllwurm sang. Da der erste Knopf mit dem Lied kommt ein Vogel geflogen verknüpft war, konnte es passieren, dass wir dieses Lied ein paar Mal hintereinander hörten. Sobald Abeni keine Lust mehr hatte mit dem Brüllwurm zu singen, ließ ich ihn still und heimlich verschwinden.

Zwischenzeitlich fing es an ein wenig an zu regnen, so dass der Rasen nass wurde. Da wir einen großen Pavillon aufgebaut hatten, störte uns das nicht, nur Abeni war darüber nicht besonders glücklich, weil sie Sie nicht wusste, wo sie sich hinlegen sollte. Ins Wohnzimmer zu gehen und sich auf die Couch zu legen, kam für sie nicht in Frage, weil ihrer Meinung nach niemand auf Jonah aufpasste. Sie legte ihre Stirn in Falten überlegte kurz, dann sprang sie auf, weil sie ein schönes trockenes Plätzchen gefunden hatte. Sie setzte sich einfach auf einen frei gewordenen Stuhl, der neben dem Grill und in Jonahs Nähe stand. Sie handelte frei nach dem Motto weggegangen Platz vergangen. Das Gesicht des Besuchers dessen Stuhl nun besetzt war sprach Bände. Allerdings machte er ihr den Platz nicht streitig, da sie für solche Situation einen Spezialblick hatte. Dieser Blick konnte alles verheißen von:

Krümel und Jonah

Unser Schatz feiert seinen ersten Geburtstag

Abeni – unsere Begegnung war eine Bereicherung 70

das war mein Stuhl,weg gegangen Platz vergangen oder laß mich in Ruhe,sonst fresse ich dich.

Als Jonah im Krabbelalter war, klebte Abeni förmlich an ihm. Sie war sein Schatten. Wo er war, da war sie auch. Fing er an zu weinen, wurde sie unruhig und versuchte ihn zu trösten. Sie liebte den kleinen Mann heiß und innig. Besonders spannend fand sie es wenn er in der Küche vor dem Schrank saß, in dem sich ihre Leckerlis befanden und mit einem Kochlöffel in ihrer Schüssel herumrührte. Sie hoffte jedes Mal sehnsüchtig darauf das er ihre Schüssel mit etwas anderem als Luft füllte.Bisher hatte es nie Situationen zwischen Jonah und Abeni gegeben, die brenzlig waren. Da unsere Kinder regelmäßig zu Besuch, kamen, bekam Abeni seine Entwicklung zeitnah mit. Als uns die drei an einem Wochenende besuchten konnte Jonah plötzlich laufen. Als Krümel sah wie er aufstand, schwankend durch die Gegend lief und nach ein paar Schritten wieder hinfiel, wurde er ihr ein wenig unheimlich. Sie trat den Rückzug an, legte sich auf die Couch und schlief. Bis vor zwei Wochen blieb sie dort unbehelligt, doch das sollte sich bald ändern. Während wir uns unterhielten lag Abeni noch auf der Couch und schlief. Jonah krabbelte herum. Als er die Richtung wechselte, nahmen wir dies nicht richtig zur Kenntnis. Ehe wir uns versahen, war er bei Abeni und versuchte sich an ihrem Schlafplatz hochzuziehen. Dabei verlor er den Halt, fiel sehr unglücklich und fing an zu weinen. Abeni erschrak so sehr, dass sie ihn böse anfauchte und über ihn hinwegsprang. Wir waren über ihr Verhalten zutiefst bestürzt. Als sie realisierte das es Jonah war der sie gestört hatte, beruhigte sie sich sehr schnell und küsste ihn auf seinen Kopf. Schon beim nächsten

Besuch verhielt sie sich ihm gegenüber wieder normal, aber wir waren noch ein wenig unsicher.Der Schreck saß noch zu tief. Nach 2 Stunden legte sich unsere Unsicherheit als wir sahen, dass Abeni begriffen hatte,dass ihr kleiner Mensch beweglicher wurde und ihm gegenüber völlig entspannt war. Es machte ihr nichts aus,dass er ihre Schlafplätze aufsuchte.Dieser Vorfall zeigte uns dass man nicht genug aufpassen konnte, wenn kleine Kinder mit Hunden zusammen waren. Die meisten Unfälle entstehen aus solchen Situationen.

Da Abeni sich sehr gut entwickelte und eine wunderschöne , ausgeglichene und liebe Hündin war, hegten wir den Wunsch von ihr einen Welpen zu bekommen. Vorher wollten wir jedoch mit ihrer Züchterin, Frau Stremlau sprechen, um ihre Meinung einzuholen. Hatte Abeni überhaupt eine Chance ? Wir brauchten eine objektive Beurteilung, denn unser Vorhaben war mit nicht unerheblichen Kosten verbunden.Wer mag kann einmal bei google nachsehen wie teuer es ist einen Wurf großzuziehen. Es sollte ein vom VDH anerkannter Wurf werden. Frau Stremlau bestärkte uns in diesem Vorhaben da sie sicher war, dass Krümel gute Chancen hatte, platziert zu werden. Das hörte sich gut an, allerdings konnte ich bedingt durch einen schweren Bandscheibenschaden Abeni nicht vorführen, als Frau Stremlau anbot Abeni vorzuführen, war die Freude groß. Sie kannte Abeni und Abeni hatte Vertrauen zu ihr. Nun machten wir nicht nur in der Hundeschule mit, sondern nahmen auch am Ringtraining teil. Ich schaute genau zu, damit ich mit Krümel zu Hause das Hinstellen sowie das Zähnezeigen üben konnte. Viele Hunde mochten es nicht, wenn sich Fremde ihre Zähne anschauen. Abeni machte das nichts aus. Endlich war es soweit, die erste Ausstellung fand statt. Wir waren aufgeregter als Abeni und Frau Stremlau. Die Ausstellung fand im Freien statt, so dass wir mit dem Auto direkt auf den Platz fahren konnten. Da es nicht sicher war ob sich das Wetter hielt, bekamen wir von Freunden ein großes Wurfzelt geliehen, in dem wir es uns gemütlich machen konnten. Wir hofften inständig das es nicht anfing zu regnen, weil Abeni, wenn sie im Regen raus musste, bockig wurde. Wir hatten Glück, es blieb trocken. Es waren sehr viele Ridgebacks anwesend. In der Jugendklasse in der Abeni das erste Mal lief, waren 18 Hündinnen gemeldet. Da so viele Hündinnen anwesend waren, wurden sie in 2 Gruppen aufgeteilt. Doch zuerst fingen die Rüden an. Es dauerte ziemlich lange bis sie durch waren und alle ihre Bewertung erhielten. Abeni war sehr entspannt. Für sie gab es sehr viel zu sehen, zu erschnüffeln und zu hören. Ab und zu liefen wir mit ihr zum Ring damit sie sehen konnte, was dort passierte. Völlig unbeeindruckt schaute sie den anderen zu. Endlich war es soweit, Frau Stremlau ging mit Krümel in den Ring.Wir liefen langsam mit, blieben aber hinter den beiden damit Abeni nicht durch uns abgelenkt wurde. Wir hatten Glück, weil wir einen guten Platz an einer der Ringseiten fanden.Von dort aus sahen wir die beiden sehr gut. Es lief super, zusammen mit Frau Stremlau erlief sich Krümel auf ihrer ersten Ausstellung ein V3 in Dülmen.Zuerst war sie eine V2 Kandidatin, aber um diese Bewertung zu erhalten,hätte sie sich auf Wunsch des Richters noch einmal in Laufrichtung stellen müssen. Dazu hatte Krümel überhaupt keine Lust mehr und fing an zu kaspern. Sie versuchte an dem Richter hochzuspringen um ihn zu küssen. Da sie das nicht durfte bekam sie innerhalb 1 Sekunde Besuch von ihrem

Ausstellung in Dülmen

V3

Abeni – unsere Begegnung war eine Bereicherung 74

berühmt berüchtigten afrikanischen Bock .Wenn der Bock da war halfen keine Leckerlis und keine guten Worte. Sabine hatte es nicht leicht mit ihr. Krümel wollte aus dem Ring und zu uns. Wir waren mit ihrer Leistung mehr als zufrieden. Die nächste Ausstellung fand in Kassel statt. Dort war die Konkurrenz noch größer, da Abeni für die offen Klasse gemeldet war. Auch in Kassel wurde sie wieder von ihrer Züchterin Sabine Stremlau mit viel Freude und Können vorgeführt und bekam ein V. Auf jeder Aufstellung eine so gute Platzierung zu erhalten ist nicht einfach.Wer noch nie an einer Ausstellung teilgenommen hat kommt schnell auf den Gedanken das bei "nur" 22 Hündinnen die gegeneinander antraten, fast jede Hündin eine gute Platzierung erhielt. Das war aber nicht so. Die strenge Auswahl bezüglich des Rassestandarts sorgte dafür, dass bereits im ersten Durchlauf viele nicht weiterkamen. Ein weiteres Kriterium das nicht unterschätzt werden durfte, war das Verhalten des Hundes im Ring und wie er sich präsentierte. Zeigte sich der Hund nervös, ängstlich, unsicher, machte nicht mit, oder zeigt sich aggressiv, konnte das zu einer Disqualifizierung oder einem erheblichen Punkteabzug führen. War er nicht bereit, seine Zähne zu zeigen, kam er nicht mehr weiter. Eine Ausstellung zieht sich über viele Stunden hin und stellt hohe Anforderungen an den Hund. Die meisten Aussteller reisen bereits sehr früh an, damit sie einen guten Platz in der Nähe des Rings bekommen, da es keine Möglichkeit gibt ,sich einen Platz reservieren zu lassen. Die Geräusche, die Luft, die Menschenmenge die sich durch die Gänge schiebt und die anderen Hunde sind Faktoren, die Stress hervorrufen können. Die meisten Hunde sitzen fast den ganzen Tag, zu ihrer eigenen Sicherheit aber auch um ein bisschen Ruhe zu haben, in einer

Gitterbox oder einem Kennel. Auch Abeni hatte einen Kennel, in dem sie ihre Ruhe hatte. Am 10.03.2014/11.03.2014 fuhren wir nach Recklinghausen. Ember, Abenis Bruder, erhielt am Samstag ein V3 in der Zwischenklasse und Abeni erhielt ein V3 in der offenen Klasse. Am Sonntag erhielt Ember ein SG 4 und Abeni bekam ein V4. Das war unsere letzte Ausstellung. Abeni, aber auch wir waren froh als wir unsere Sachen zusammenpacken und nach Hause fahren konnten. Auf der Fahrt nach Hause war mir klar, dass ich nicht zu den Züchtern gehören würde, die Spass daran haben, mit ihrem Hund von einer Ausstellungen zur anderen zu fahren. Ich fand es sehr anstrengend so viele Stunden in einer Halle zu sitzen und für Abeni gab es auch schönere Plätze. Dank Frau Stremlau, konnten wir einen Punkt auf unserer To-do-Liste streichen. Bevor es weiterging mussten wir einem Verein beitreten und Abeni wurde gemäß der Vorschriften untersucht und geröntgt. Erst wenn alle Untersuchungen ohne Befund waren, ging es weiter. Knapp 3 Wochen später erhielten wir die Nachricht das alles ok war. Erneut hatten wir einen Punkt erledigt. Schritt für Schritt ging es voran. Als nächstes stand die Zuchtzulassungsprüfung an.

Am 07.04.2013 war es soweit. Die Zuchtzulassungsprüfung fand (ZZP) in der Nähe von Göttingen statt. Es waren 8 Hunde gemeldet, von denen 2 durchfielen, weil sie dem Stress oder dem Schusstest nicht gewachsen waren. Die Prüfung bestand aus zwei Teilen. Die Präsentation des Hundes sowie das Laufen übernahm Sabine. Krümel machte begeistert und unbeeindruckt mit. Sie hatte Spaß und war völlig tiefenentspannt. Im zweiten Teil ging es um die Bindung. Das

Abschlussfoto
Krümel hat die ZZP
mit Bravour
bestanden

Abeni – unsere Begegnung war eine Bereicherung 77

war mein Part. Wir beide waren ein tolles Team. Es gab viele Aufgaben die wir zusammen meistern mussten und wir bestanden alle. Bei der letzten Prüfung sollte Abeni von jetzt auf gleich von mir zum Spielen animiert werden. Für diese Prüfung durfte jeder das Lieblingsspielzeug seines Hundes mitbringen. Seinen Hund zum Spielen zu animieren, hörte sich einfach an doch was machte man, wenn der Hund in dieser Stresssituation keine Lust zum Spielen hatte und nur weg wollte ? Auch so etwas hatte es schon gegeben. Krümel hatte die Prüfung in allen Punkten mit Bravour bestanden.Ihr fröhliches Wesen sowie ihr Aussehen. wurde von der Richterin mit einem Extralob erwähnt. Mein Mann und ich waren sehr stolz auf unseren Krümel. Krümel war jetzt 3 Jahre alt. Wir hatten vor ihr und uns noch 1 Jahr Zeit einzuräumen, damit wir in Ruhe nach einem geeigneten Deckrüden suchen konnten. Außerdem musste es bei uns auch zeitlich passen, damit wir uns rund um die Uhr um sie und die Welpen kümmern konnten.

Nun brauchten wir einen Namen für unseren Kennel (Zwinger). Nachdem wir uns für drei Namen entschieden hatten, stellten wir einen Antrag bei unserem Verein Dieser schickte den Antrag an den VDH der das Formular an die Fédération Cynologique Internationale (FCI) schickte.Nach zirka 8 Wochen bekamen wir Bescheid, dass von den 3 eingereichten Namen der Name Umotomoto Abeni, frei und nun weltweit (VDH/FCI) geschützt war Wieder konnten wir einen Punkt streichen. Als nächstes kam die Zwingerabnahme an die Reihe, die natürlich wie alle anderen Auflagen, auch Geld kostete. Bei der Zwingerabnahme wurde überprüft, ob wir von der Örtlichkeit her in der Lage waren, die Welpen wie es die Vorschriften verlangten, aufzuziehen. Unser Grundstück wurde vermessen, es wurde überprüft ob giftige Pflanzen in unserem Garten wuchsen, für die Welpen musste im Garten ein separater Unterschlupf vorhanden sein, der sie vor Sonne oder Regen schützen sollte. Des weiteren wurde überprüft, ob im Haus genügend Platz für die Welpen war und ob sie einen eigenen Zugang zum Garten hatten, u.v.m.. Hätte es Bemängelungen gegeben, hätten diese erst beseitigt werden müssen, bevor die Erlaubnis zum Züchten erteilt wurde. Da wir alle Voraussetzungen erfüllten, erhielten wir die Erlaubnis. Nachdem Abeni ihren Part erfüllt hatte, war ich an der Reihe. Ich besuchte Züchterseminare. Nachdem ich alle erforderlichen Seminare besucht hatte,konnten wir uns um einen Deckrüden kümmern. Ging alles gut,würde Abeni im Januar/Februar 2014 gedeckt werden.

Im September 2013 machten wir uns auf die Suche nach einem Deckrüden. Mein Mann und ich hatten bereits bestimmte Vorstellungen vom Charakter und vom Aussehen.Eine Vorauswahl hatten wir bereits getroffen, doch eine endgültige Entscheidung wollten wir erst nach Rücksprache mit Sabine treffen und so fiel die Auswahl auf Barmani (www.Sadikifu Barmani). Mein Mann und ich hatten beschlossen, wenn Barmani die erste Wahl blieb, wir ihn ein paar Mal mit Abeni besuchen würden, damit ihr die Umgebung nicht mehr fremd war. Ich rief Eileen, die Besitzerin des Deckrüden an, um mit ihr einen Termin zu vereinbaren. Der erste Besuch verlief sehr gut. Gespannt beobachteten wir Abeni und Barmani. Die beiden waren sich sympathisch und rannten über die Felder. Die Chemie stimmte nicht nur zwischen den Hunden sondern auch auch zwischen Eileen, ihrem Mann und uns. Da Eileen ebenfalls der Meinung war, dass beide Hunde sehr gut zusammen passen würden, beschlossen wir auf dem gemeinsamen Spaziergang, dass Barmani als Deckrüde zum Einsatz kommen sollte. Von diesem Tag an fuhren wir zweimal im Monat nach Fröndenberg. Nach dem Läufigkeitskalender den ich von Anfang an geführt habe, müsste Abeni im Januar 2014 läufig werden. Der Januar, der Februar sowie der März vergingen, ohne dass Krümel läufig wurde. Wir wurden unruhig und fuhren mit ihr Anfang April zum Tierarzt, der sie gründlich untersuchte. Gott sei Dank war alles in Ordnung, wir mussten uns weiter gedulden. Mutter Natur war bei solchen Vorhaben eine nicht zu unterschätzende Größe. Sie hatte ihre eigenen Regeln. Da der Scheidenausfluss gering oder hell sein konnte war es möglich, dass die "ersten Blutströpfchen" nicht sofort gesehen wurden. Da die meisten Hündinnen sehr reinlich sind und sofort ihre Spuren beseitigten, konnte es passieren, dass man nicht sicher sein konnte, ob der Tag an dem die ersten Blutstropfen zu sehen waren, auch wirklich der erste Tag war. Uns blieb nichts anderes übrig als wie bisher Krümel zu beobachten. Für meine erste Hündin habe ich als sie läufig war Kinderslips gekauft in ich ein kleines Loch für die Rute geschnitten habe. Dann kam eine Slipeinlage rein. Da die Slipeinlage mehrmals am Tag gewechselt wurde, konnte ich an der Farbe ihrer Blutung sehen, ob die Standhitze naht. Auch Krümel trug, wenn die Blutungen stärker wurden, Slips mit einer Einlage. Ich habe das Anziehen der Slips mit ihr schon frühzeitig geübt, so dass sie die Höschen anlässt. Es war eine zusätzliche Hilfe, neben den anderen Anzeichen. Im Mai 2014 Mai sah ich den ersten Blutstropfen Jetzt durften wir nichts verpassen und nichts falsch machen Die Zuchtleitung sowie Eileen die Deckrüdenbesitzerin, mussten informiert werden, dann ging die Rechnerei los. War heute wirklich der erste Tag der Läufigkeit oder bereits der zweite oder sogar dritte ? Laut Kalender fing bei Krümel die Standhitze am 14 Tag an. Ein unverkennbares Anzeichen für die nahende Standhitze war, dass sie starkes Interesse für Baumstämme, Hecken und Laternenpfähle entwickelte. Es konnte Minuten dauern, je nach dem welcher Rüde sein Beinchen gehoben hatte, bis sie weiterging. Außerdem wollte sie in dieser Zeit nur dort lustwandeln, wo ihre Favoriten wohnten. Es war erstaunlich, wie sehr sie sich dieses Mal während der Läufigkeit veränderte. Sie war äußerst unruhig, wollte öfters raus, sang ihren afrikanischen Blues in einer Lautstärke die nicht zu überhören war. Für uns bedeutete diese Zeit nicht nur Abeni mit Argusaugen zu beobachten, sondern auch die Farbe der Blutungen im Auge zu behalten. Die Tage vergingen. Am 8 Tag der Läufigkeit machten wir mit Heike, Kimba, Petra und choky unseren vorerst letzten Spaziergang.

Das Abenteuer beginnt

Am nächsten Tag rief ich in der Tierklinik an um in Erfahrung zu bringen, wann der Hormonstatus bestimmt werden konnte. Normalerweise wird dieser Test ab dem 10 Tag der Läufigkeit gemacht aber bei Hündinnen, die das erste Mal gedeckt werden sollten war es sicherer, den Test früher zu machen. Ich bekam für den nächsten Tag einen Termin. Um 9.30 Uhr trafen wir mit Krümel in der Tierklinik ein. Sie saß tiefenentspannt neben mir obwohl ihr gegenüber eine Frau mit einer fauchenden Katze die sich in einer Transportbox befand, saß und direkt neben mir eine Frau stand, die eine Kiste auf einen Stuhl stellte, in dem ein verletztes Eichhörnchen saß. Die Frau hatte es in ihrem Garten gefunden. Normalerweise flippte Abeni aus, wenn sie Eichhörnchen sah, aber hier war alles anders. Nach ungefähr 10 Minuten wurden wir aufgerufen. Gelassen und fröhlich lief sie mit uns in das Behandlungszimmer. Sie begrüßte die Tierärztin, ihr wurde Blut abgenommen, danach wurde ein Abstrich gemacht. Diese Untersuchungen hatte sie ruhig über sich ergehen lassen, sie musste noch nicht einmal festgehalten werden. Als bei der nächsten Untersuchung ein Tupfer in die Scheide eingeführt wurde um herauszufinden ob sie eine Entzündung hatte ,wurde sie sauer. Diese Untersuchung gefiel ihr überhaupt nicht. Von jetzt auf gleich schlug ihre Laune um. Sie hatte keinen Bock mehr, wollte nicht ruhig stehenbleiben und hinlegen wollte sie sich erst recht nicht. Wir hatten große Mühe sie festzuhalten, da sie ihr kleines Hinterteil wie eine Ninja-Kämpferin durch die Gegend schwang und dabei austrat wie ein Esel. Da sie nicht stillstand musste diese Untersuchung wiederholt werden. Wir schafften es sie zu beruhigen und sie ließ diese Untersuchung noch einmal über sich ergehen. Geschafft, nun mussten wir 15 Minuten auf das Ergebnis warten. Da die Zeit zu kurz war um nach Hause zu fahren beschlossen wir mit Abeni einen Spaziergang zu machen. Doch wir hatten die Rechnung ohne sie gemacht. Als sie merkte das wir rausgingen, flog ich mehr oder weniger mit ihr aus dem Wartezimmer. Die einzige Richtung die sie im Visier hatte war die, wo unser Auto stand. Vor dem Auto blieb sie stehen und bewegte sich keinen Zentimeter, als mein Mann den Kofferraum öffnete machte sie einen Satz und legte sich hin.

Abeni – unsere Begegnung war eine Bereicherung 82

Wir ließen sie im Auto und gingen in die Praxis zurück. Das Ergebnis war negativ alles war in Ordnung. Beruhigt fuhren wir nach Hause. Zu Hause angekommen tranken wir Kaffee, während Krümel sich auf die Couch schmiss und schlief. Es war ein aufregender Tag. Ich informierte Eileen über das Ergebnis. Sie wollte am nächsten Tag vorbeikommen um mit uns die Einzelheiten durchzusprechen.

Heute morgen goss es, nach langer Zeit wieder einmal in Strömen. Abeni weigerte sich aufgrund ihrer schweren nicht mehr heilbaren Regenallergie standhaft rauszugehen.Sie blockte alle Versuche massiv ab. Zwischenzeitlich war es 11.00 Uhr und sie war gestern Abend um 18.00 Uhr das letzte Mal draußen. Plötzlich reichte es meinen Mann. Er stand auf, und zog eine Regenjacke an. Dann kam er ins Wohnzimmer und leinte Krümel die auf der Couch lag und ruhte, kommentarlos an. Ehe Krümel sich versah, zog er sie von der Couch runter. Abeni war so geschockt, dass sie als mein Mann die Haustür aufmachte,sogar mitging.Er schloss das Gartentor auf und drehte mit ihr ein paar Runden. Als sie merkte, dass sie erst wieder reinkam,wenn sie gepieselt hatte, erbarmte sie sich und machte gnädigerweise Pippi. Es versteht sich von selbst das sie als sie wieder reinkam, nach dieser Leistung ein großes Leckerchen bekam. Krümel schaffte es immer wieder aus ganz normalen Abläufen ein Event zu machen. Ich kenne nicht viele oder besser gesagt kaum einen Hundebesitzer der sich darüber freute, wenn sein Hund mit ihm rausging, obwohl es regnete. Wie auch immer einen Vorteil hatte ihr Verhalten, da wir uns nun die Frage stellten was passierte wenn die Tierärztin grünes Licht gab und der Himmel weinte ? Wir überlegten hin und her, dann hatte mein Mann eine Idee. Er schlug vor, unseren Gartenpavillon mit Seitenteilen aufzubauen. Gesagt getan. Am nächsten Tag bauten wir den Gartenpavillon zusammen mit Freunden auf. Als er stand, hörte es auf zu regnen. Gespannt machten wir uns auf den Weg zur Tierklinik um den Hormonstatuts erneut bestimmen zu lassen. Laut Läufigkeitskalender müsste es morgen losgehen, aber die Tierärztin war anderer Meinung. Vorsichtshalber rief ich Eileen an um ihr mitzuteilen, dass wir eventuell vorbeikommen. Die Untersuchung ergab, dass der Wert erst bei 2,5 lag. Die Tierärztin meinte, dass es erst am Montag soweit sein würde, heute war Freitag, bei Abeni war es der 13 Tag. Am Montag war der 16 Tag und das war meiner Meinung nach zu spät.Unsere Nerven flatterten ein bisschen weil wir befürchteten den richtigen Zeitpunkt zu verpassen. Ich rief Eileen an um ihr mitzuteilen, dass es doch noch nicht soweit war. Sicherheitshalber versprach sie uns auf jeden Fall am Wochenende erreichbar zu sein. Der Samstag fing ganz normal an, doch nachmittags wurde Krümel unruhig. Sie wollte raus und fing an zu singen. Wir wussten nicht was mit ihr los war So hatte sie sich noch nie während einer Läufigkeit benommen. Wir gingen mit ihr raus, spielten mit ihr, versuchten sie abzulenken aber sie hörte nicht auf. Durch die engmaschigen Untersuchungen durch den Tierarzt wussten wir wenigstens das sie gesund war. Da auch ein Magen-Darminfekt ausgeschlossen war beschlossen wir, ihr Verhalten zu ignorieren. Aber Krümel zu ignorieren wenn sie etwas will funktionierte überhaupt nicht weil sie immer neue Mittel und Wege fand, um auf sich aufmerksam zu machen. Vorsichtshalber rief ich bei Sabine und Eileen an. Zwischenzeitlich sang Abeni so laut, dass Sabine und Eileen es ebenfalls hören konnten. Eileen fand Abenis Verhalten sehr merkwürdig und beschloss morgen mit Barmani vorbeizukommen. Sabine versprach auch zu kommen. Gegen Abend wurde Abeni ruhiger. Offensichtlich war sie so geschafft, dass sie zum Singen keine Kraft oder keine Lust mehr hatte.Die Nacht war unruhig, ständig wurde ich wach, habe Abenis Atmung kontrolliert, sie gestreichelt und mit ihr geredet, irgendwann schliefen wir ein. Heute war Sonntag. Laut Läufigkeitskalender war es der 15 Tag. Abeni benahm sich immer noch seltsam. Sie verschleppte Hausschuhe, sie sang, sie jammerte, sie winselte, sie rannte zur Haustür, holte ihre Leine, sie schob die Teppiche zusammen bis mein Mann mit ihr rausging. Als die beiden wiederkamen erzählte er mir, dass sie mit ihm zu einem Haus gegangen wäre, wo ein Rüde wohnte, den sie sehr mag. Dort hätte sie wie festgeklebt gestanden und wäre kaum zu bewegen gewesen, weiterzugehen. Die beiden waren vielleicht 10 Minuten hier da ging das Spiel von vorne los. Wir waren mit unserem Latein am Ende. Pünktlich um 15.00 Uhr traf Eileen mit Barmani und Sabine zu unserer seelischen Unterstützung ein. Da wir nicht wussten wie Abeni sich benahm wenn Barmani plötzlich im Wohnzimmer stand, ging Eileen mit Barmani in den Garten. Ich öffnete die Terrassentür und Krümel stürmte heraus. Die Begrüßung verlief sehr gut, doch wie es aussah hatte Abeni ganz andere Sachen im Kopf als Barmani. Während er sich vor ihr aufbaute, sie verliebt anschaute, ihr die Ohren zärtlich küsste, ihr über die Schnauze leckte und die Hoffnung hatte, dass es gleich passierte, zog sie sich immer zurück. Ich habe gelesen und gehört, dass es Hündinnen gab, die sich ein wenig seltsam benahmen oder sogar zickig wurden,wenn sie das erste

Mal gedeckt werden sollten. Doch mit so einem Verhalten hatte weder mein Mann noch ich gerechnet. Ein wenig hilflos standen wir herum und sahen zu, wie Krümel Barmani um den Pool scheuchte, dann wieder stehenblieb, auf die Terrasse rannte, unter den Gartentisch kroch und den verliebten Barmani vor dem Tisch stehenließ. Wir waren froh, dass Sabine da war. Das Spiel Hasch mich ich bin der Frühling ging bereits 3 Stunden. Die beiden fingen langsam an zu schwächeln und unsere Nerven auch. Was nun ? Wir beschlossen die beiden zu trennen damit sie sich ein bisschen erholen konnten. Während Barmani zum Auto gebracht wurde, saß Abeni im Wohnzimmer und sang eines ihrer afrikanischen Lieder. Wahrscheinlich wusste sie selber nicht was sie wollte. Nach 30 Minuten holte Eileen Barmani aus dem Auto. Abeni war hocherfreut ihn wiederzusehen und scheuchte ihn sofort wieder um den pool. Während die beiden ihre Runden drehten beschlossen wir abzubrechen und uns morgen wieder zu treffen. Während Eileen und Sabine anfingen ihre Sachen zu packen blieb Abeni, als wenn sie verstanden hätte dass Barmani nach Hause fährt, plötzlich wie angeklebt auf dem Rasen stehen. Barmani konnte es kaum fassen, er zögerte kurz, dann kam er angeschossen wie eine Rakete und dachte sich jetzt oder nie, damit hatte von uns niemand mehr gerechnet. Hätte mich Abenis Verhalten nicht so irritiert wäre es bestimmt zu spät gewesen. Da wir die letzten Tage oft bei Barmani waren, wusste Abeni wohl was passieren sollte und hatte uns mit ihrem Verhalten gezeigt, dass es soweit war. Wir waren erleichtert und verabredeten uns für den nächsten Tag zum Nachdecken, weil wir nicht sicher waren ob der heutige Tag nicht schon der zweite Tag der Standhitze war. Am nächsten

Tag sagte ich den Termin in der Tierklinik ab, bevor wir zu Barmani fuhren. Die Tierärztin war überrascht als sie hörte, dass Barmani am Sonntag Abeni gedeckt hatte. Bei Barmani angekommen merkten wir schon an der Begrüßung, dass es nicht mehr so war wie gestern. Barmani zeigte zwar noch Interesse, doch wenn Abeni ihn anfauchte drehte er ab. Wir konnten machen was wir wollten. Sobald Abeni Barmani sah, stellte sie sich mit dem Po an die Wand, oder kroch unter den Tisch und zeigte ihm die Zähne. Nach 2 Stunden brachen wir ab. Vom Auto aus rief ich erneut in der Tierklinik an und bekam sofort einen Termin. Wir wollten abklären lassen, warum Abeni sich so anstellte. Gott sei Dank mussten wir nicht lange warten. Es wurde ein neuer Test gemacht. Danach fuhren wir nach Hause, weil uns das Ergebnis telefonisch mitgeteilt werden sollte. Kaum waren wir zu Hause, erfolgte der Rückruf. Der Wert lag bei 3 das Blut war sehr hell, wir sollten auf jeden Fall noch heute,spätestens morgen zum Deckrüden fahren. Irgendwie verstand ich nicht, was mir telefonisch mitgeteilt wurde. Als ich der Tierärztin erklärte, dass wir bereits bei dem Deckrüden waren und Abeni gestern einmal gedeckt worden war meinte sie, dass es nicht der richtige Tag gewesen wäre.Ich rief Eileen an um ihr von dem Gespräch zu erzählen. Danach telefonierte ich mit Sabine. Die Verwirrung war auf allen Seiten sehr groß. Wenn Sonntag nicht der richtige Tag war, warum hatte Abeni sich decken lassen ? Soweit ich wußte, lässt sich eine Hündin, wenn es nicht der richtige Zeitpunkt war, gar nicht decken.Wir beschlossen morgen, an meinem Geburtstag, das letzte Mal zu Barmani zu fahren. Das war der 4 Tag nach dem ersten Deckakt. Im Nachhinein war uns klar, dass wir uns viel Stress,einige Tests und Geld hätten sparen können, wenn wir uns noch mehr an Abenis Verhalten orientiert hätten. Sie war eine instinktsichere Hündin, die uns oft gezeigt hatte, wie der Hase lief. Aber jetzt konnten wir nichts mehr ändern. Entweder es hatte geklappt oder nicht. Heute hatte ich Geburtstag. Nach einem gemütlichen Frühstück, mit 2 dunkelroten Rosen und Kerzen auf dem Tisch, machten wir uns auf den Weg. Gegen 10.00 Uhr trafen wir bei Eileen und Barmani ein. Zu meiner Überraschung hatte Eileen einen Kuchen für mich gebacken. Wir tranken zusammen Kaffee während Abeni und Barmani herum kasperten. Laut Tierärztin musste es heute auf jeden Fall klappen aber der Funke sprang bei beiden nicht mehr über. Sobald Abeni Barmani sah, kroch sie unter Büsche, lief weg und knurrte ihn an. Sie benahm sich noch schlimmer als gestern. Wir trennten die beiden um zu überlegen was wir machen. Das Gespräch mit der Tierärztin hatte uns verunsichert. Nach 15 Minuten ließen wir die beiden erneut zusammen,doch es klappte nicht. Eine leichte Enttäuschung stieg in uns hoch. Vielleicht sollte es nicht sein. Plötzlich kam Eileens Mann zu uns. Er vertrat die Meinung, dass die beiden vielleicht einen Tapetenwechsel brauchten und schlug uns vor zu einem nahegelegenen Feld zu gehen. Eigentlich versprachen wir uns nichts mehr davon und leinten die Hunde halbherzig an.Da Eileen sehr ländlich wohnte, mussten wir nicht weit laufen. An einem Weizenfeld machten wir die beiden los. Wir hatten Glück, dass niemand dort mit seinem Hund spazierenging, so konnten wir die beiden laufen lassen. Kaum abgeleint rannte Abeni in das Weizenfeld und Barmani hinter ihr her. Die beiden waren nicht mehr zu sehen. Wir konnten nur an den Bewegungen der Halme sehen, wo sich die beiden ungefähr befanden. Plötzlich wurden wir nervös.

Was passierte, wenn die beiden sich im Weizenfeld verpaarten ? Blieb Abeni stehen oder versuchte sie wegzulaufen ? Das war für Barmani fatal. Das Feld war riesig und der Weizen stand hoch. Wir riefen und glücklicherweise kamen sie sofort zu uns. Wir leinten sie an und wollten gerade losgehen, da passierte es, sie verpaarten sich noch einmal. Überglücklich und erleichtert machten wir uns auf den Rückweg. Vielleicht wäre es anders gelaufen, wenn wir früher auf die Idee gekommen wären mit den beiden rauszufahren. Hinterher ist man immer schlauer. Endlich konnte das Thema Deckakt abgeschlossen werden. Diesen Geburtstag werde ich bis ans Ende meiner Tage nicht mehr vergessen. Nun mussten wir 28 Tage warten, dann konnte ein Ultraschall gemacht werden.

Da die Läufigkeit vorüber war, konnten wir uns wieder mit unseren Freunden zum Spaziergang treffen. Bisher schlug Krümel vor Freude Purzelbäume wenn es hieß wir fahren in den Wald, doch heute morgen gab es keine Begeisterungsstürme. Lag es am Wetter ? Es war ziemlich schwül ? Oder waren es Anzeichen für eine Schwangerschaft ? Wir fuhren trotzdem, Bewegung tat auf jeden Fall gut. Abeni ging es gut allerdings nörgelte sie sehr viel. Choky ein brauner Zwergpudel, Abenis Freund und ihre Schwester Kimba freuten sich sehr als sie uns sahen. Unsere Hunde drehten zusammen ihre Runden und tobten herum. Auf dem Rückweg wurde Abeni sehr langsam. Sie trödelte herum, meckerte, blieb stehen und schaute mich an als wenn sie fragen wollte wie weit sie noch laufen musste und ob nicht eine von uns sie tragen wollte. Wir liefen etwas langsamer und nach einigen Pausen erreichten wir unser Auto. Ich machte den Kofferraum auf und musste ihre beim Einsteigen helfen. Auf der Fahrt nach Hause legte sie sich das erste Mal im Kofferraum hin. Das machte sie nur, wenn wir auf der Autobahn fuhren. Zu Hause angekommen lief sie nicht wie sonst zu ihrer Futterschüssel, sondern zur Couch auf die sie mit letzter Kraft hüpfte, um ein Schläfchen zu halten. Seit ein paar Tagen ging es Krümel nicht mehr so gut. Sie schlief viel, fraß schlecht, und litt an Übelkeit mit Erbrechen. Urplötzlich weigerte sie sich aus ihrer Edelstahlschüssel zu fressen, sie meckerte sehr viel und oft, da es immer etwas gab, das ihr nicht passte. Da Abeni immer sehr mitteilsam war fand sie im Laufe des Tages immer etwas worüber sie meckern konnte. Jetzt waren auch wir der Meinung, dass sie trächtig war. Hatten wir gekocht und sie war der Meinung, dass unsere Mahlzeit in ihre Schüssel gehörte und nicht auf unsere Teller, ging das Gezeter los. Heute fuhren wir zum Tierarzt um einen Ultraschall machen zu lassen. Wir waren sehr aufgeregt, denn heute fiel die Entscheidung ob sie trächtig war oder nicht. Krümel war die Ruhe selbst. Sie ließ alles über sich ergehen. Beim Abtasten spürte die Tierärztin bereits die Welpen. Sie war sicher, dass Abeni trächtig war, dann wurde der Ultraschall gemacht. Auf dem Ultraschallbild waren 3 Welpen zu sehen, bei einem vierten war sie sich nicht sicher. Jetzt war es amtlich, Abeni wurde Mama. Total glücklich verließen wir die Praxis. Während ich telefonierte um Eileen, Sabine und meine Freundinnen darüber zu informieren, lag Abeni hinter mir auf der Couch und nörgelte. Hoffentlich erbten ihre Babys nicht ihr unstillbares Mitteilungsbedürfnis.Nach den Telefonaten setzten wir uns zusammen um eine Liste zu fertigen auf der die Dinge standen,

Krümel
Mitte Juni
2014

Abeni – unsere Begegnung war eine Bereicherung 91

die wir besorgen mussten. Die Liste wurde länger und länger und ähnelte immer mehr einer Erstlingsausstattung für einen Säugling. Es war kaum zu glauben, wie viel zusammenkam. Vier Wochen später war das Welpengehege sowie die Wurfbox fertig. Da es der erste Wurf war, bekam jeder Welpe einen Namen der mit dem Buchstaben A anfing.Wir hatten uns dazu entschlossen Abenis Welpen einen gemeinsamen Namen zu geben, damit sich die zukünftigen Welpenbesitzer selber einen Namen, unabhängig von dem Buchstaben, aussuchen konnten. Uns gefiel der Name AKANNI "unsere Begegnung ist eine Bereicherung" *Yoruba sehr gut da ein Hund wirklich eine Bereicherung für das Leben war. Von einem Tag zum anderen fraß Krümel wie ein Scheunendrescher. Sie litt an furchterregenden Freßrattacken,bei denen sie ihr Futter inhalierte und zum Kauen keine Zeit hatte. Die Attacken waren so heftig, dass wir manchmal dachten, sie würde jeden Augenblick platzen. Ein paar Stunden später konnte es sein, dass sie die Bratkartoffeln für die sie vor 2 Stunden noch ihr Leben gelassen hätte, plötzlich nicht mehr fraß. Am liebsten fraß sie im Moment holländische Butterkekse, selbst hergestelltes Eis, gekochten Schinken, Erdbeermarmelade sowie Bratkartoffeln. Mal war sie müde, dann putzmunter oder total daneben. Gegen ein zweites oder sogar drittes Frühstück hatte sie zurzeit keine Einwendungen. Sie war immer die erste die auf der Terrasse am Tisch saß, wenn sie hörte, dass die Kühlschranktür geöffnet wurde.Sie litt unter Stimmungsschwankungen wie manche Frauen in der Schwangerschaft. Es berührte mich sehr, sie so zu sehen. Ihr ging es genauso, wie mir während meiner Schwangerschaft. Sah ich mir die Homepages anderer Züchter an auf denen zu

Während der Schwangerschaft war Krümel mehr als verfressen

lesen war, dass ihre trächtige Hündin die Schwangerschaft genoss, war das für mich kaum vorstellbar. Bei Krümel hatten wir oft das Gefühl, dass sie zeitweise sehr unter diesem Zustand litt. Heute fuhren wir mit Krümel zur Tierärztin. Sie sollte sich Abeni noch einmal ansehen und wir wollten noch einen Ultraschall machen lassen.Krümels Bäuchlein hatte jetzt einen Umfang von 81 cm und das Laufen fiel ihr schwer. Die Tierärztin war von Abenis Zustand begeistert, sie war rumpelpumpel gesund, sah sehr gut aus und ihr Fell glänzte wie eine Speckschwarte. Dann machte sie das Licht aus und wir konnten auf dem Ultraschallbild die Babys sehen. Wir sahen 6 muntere Welpen. Laut Tierärztin blieb es bei dem errechneten Termin, dem 20.07.2014. Zum Schluss besprachen wir mit ihr, wie wir sie im Notfall erreichen konnte. Abeni hatte noch l0 Tage vor sich. Damit uns das Klosterleben nicht langweilig wurde, besuchten uns Heike und Kimba sowie Petra und choky so oft es ging. Es war nicht nur für Abeni, sondern auch für mich eine willkommene Abwechslung. Zum ersten Mal sah ich, wie Abeni ihr Beinchen beim Pieseln hob. Sie lief mit choky im Garten herum. Plötzlich bewässerte er den Stamm einer Trauerweide, als Abeni das sah lief sie zu der Stelle hockte sich hin und hob ihren Hinterlauf ein an um darüber zu pieseln. Offensichtlich war sie der Meinung, dass es in ihrem Garten nur nach "ihr" riechen durfte. Da ich mir nicht ganz sicher war, ob das was ich gesehen hatte, auch so zu interpretieren war, fragte ich Petra ob sie gesehen hätte,wie Abeni gepieselt hatte. Petra schaute mich an grinste und sagte, sie hat ihr Bein gehoben. Am 14 Juli 2014 war für unsere Freunde der letzte Besuchstag, Abeni hatte noch 6 Tage vor sich, wenn sie uns das nächste Mal besuchten waren die

So sah es aus
wenn Abeni
sich zu den
Besuchern an
den Tisch setzte.

Abeni – unsere Begegnung war eine Bereicherung 95

Krümel auf der Welt und konnten laufen. Mit den Welpeninteressenten die auf unserer Liste standen verblieb ich so, dass ich mich melde, wenn die Babys da waren. Krümel sah jetzt aus wie eine Kugel auf vier Beinen. Bei jeder Bewegung schnaufte sie wie eine kleine Lokomotive. Ihr Bäuchlein hatte einen Umfang von 91 cm. Da sie immer noch darauf bestand rauszugehen, nahmen wir unsere Handys mit. Vier Tage vor dem Geburtstermin wollte Abeni nicht mehr nach oben. Aus diesem Grund entschlossen wir uns ab dem 16.07.2014 mit ihr im Wohnzimmer zu schlafen. Das Luftbett wurde in Betrieb genommen. Es war 180 cm breit, 60 cm hoch und sehr bequem. Wir hatten ziemlich lange danach gesucht. Da wir fast 11 Wochen darauf schliefen, musste es komfortable sein. Als es das Bett stand schlich Abeni drumherum, beäugte es argwöhnisch, schnüffelte es von allen Seiten ab und schlug ein paar Mal mit ihren Pfoten auf das Bett. Für uns sah es aus, als wenn sie testen wollte, ob das Bett stabil genug war. Als sie mit der TÜV-Abnahme fertig war, krabbelte sie auf das Bett, weil sie nicht mehr springen konnte und erklärte es ab sofort zu ihrem allerliebsten Liegeplatz. Eigentlich wollten wir auf dem Luftbett schlafen, aber es kommt immer anders als man denkt. Für Abeni und ihr Bäuchlein war es offensichtlich bequemer auf dem Luftbett zu liegen, als auf der Couch. Freundlicherweise durfte ich mich auch auf das Luftbett legen, mein Mann zog die Couch vor. Je näher der Geburtstermin rückte um so weniger konnte ich mir mit einem Mal vorstellen, dass sich in den nächsten 10/11 Wochen unser Leben auf nur 20 qm abspielen sollte. Die anderen 20 qm gehörten Abeni und ihren Babys, die auf ihrer Seite einen direkten Zugang zum Garten hatten. Vor der anstehenden Geburt war es uns ein wenig mulmig. Gott sei Dank stand Sabine uns zur Seite. Sie war dabei als Uzuri Abeni auf die Welt brachte, jetzt wird sie Abeni helfen, Uzuris Enkelkinder auf die Welt zu bringen.

Als wir unseren ersten Rhodesian Ridgeback Welpen bekamen gab es mehr Interessenten als Welpen und eine lange Wartezeit war nicht außergewöhnlich. Heute gibt es viele Welpen und eine lange Wartezeit entfällt. Wer es darauf anlegt bekommt innerhalb 1 Woche einen Rhodesian Ridgeback Welpen. Wir fingen früh an Ausschau nach passenden Welpenkäufern zu halten. Die ersten vier Interessenten besuchten uns bereits als Abeni noch trächtig war. Da Abeni und wir begeistert von ihnen waren, bekamen sie eine feste Zusage. Da es ein Wurf unter dem Dach des VDH war, kam die Wurfankündigung und später die Anzahl der Welpen auf die Liste der Welpenvermittlung .Des weiteren schalteten wir Anzeigen in den gängigsten Zeitungen. Es sollte weder für uns noch für die angehenden Welpenkäufer Stress oder Druck entstehen. Eine Entscheidung für einen Hund darf nicht aus dem Bauch heraus gefällt werden. Leider gibt es nicht nur beim Kauf von Schuhen oder Kleidungsstücken, immer wieder Fehlkäufe. Bisher haben uns 8 Interessenten besucht aber nur 4 eine feste Zusage bekommen. Die Gespräche mit den Interessenten verliefen gut und Krümel half uns dabei die richtigen Leute für ihre Babys zu finden. Es war eine spannende Zeit in der wir sehr viel von aber auch über Abeni lernten. Im Laufe der Zeit wussten wir, wenn Abeni die Welpeninteressenten weder begrüßte noch zur Kenntnis nahm, dass es nicht die richtigen waren. Manchmal nahm sie nur zu einer Person Kontakt auf, während sie die andere links liegen ließ. Anfangs versuchten wir sie mit Leckerchen auf die andere Person aufmerksam zu machen aber ohne Erfolg, so verfressen wie sie im Moment auch war, bestechen ließ sie sich nicht. Je näher der Geburtstermin rückte, umso mehr Interessenten meldeten sich. Neulich besuchte uns ein Ehepaar das sich für einen Rüden interessierte. Zuerst war alles stimmig, das Gespräch verlief sehr gut und wir freuten uns wieder ein Ehepaar auf unsere Liste setzen zu können. Aber wir hatten uns zu früh gefreut. Ich ging in die Küche um Kaffee zu kochen. Als ich auf die Terrasse kam war die Stimmung gekippt. Zuerst wusste ich nicht warum aber dann sah ich, dass Abeni sich mit an den Tisch gesetzt hatte. War das der Grund ? Während die junge Frau lachte, waren ihrem Mann die Gesichtszüge entglitten. Seine Frau versuchte ihn zu besänftigen aber es half nichts. Das Abeni mit am Tisch saß war für ihn zuviel. Wie aufgezogen zählte er auf was „sein" Hund alles nicht durfte oder sollte. In erster Linie musste er aufpassen, daran war nichts auszusetzen, aber dann ging es los. Er sollte sich nur im Erdgeschoss aufhalten. Am liebsten wäre es ihm, wenn er sich an den geräumigen Keller gewöhnen könnte. Auf den anderen Etagen hätte er überhaupt nichts zu suchen. Im Garten wollte er ihn so lange er noch klein war, an einer Leine festbinden bis er begriffen hatte, dass er das Grundstück nicht zu verlassen hatte. Ich fragte mich wofür diese Leute überhaupt einen Hund haben wollten, wenn er fast den ganzen Tag unsichtbar sein sollte. Darüber das sie mit ihm in eine Hundeschule besuchen, mit ihm toben, spielen, schmusen und mit ihm leben wollten, verlor weder er noch sie kein Wort. Offensichtlich sollte der Hund ein Prestigeobjekt sein und in ihrem Porsche wie ein Plüschtier bewegungslos sitzenbleiben. Keinesfalls kam es infrage das

Grundstück oder einen Teil davon einzuzäunen. Irgendwann reichte es uns und die beiden erhielten freundlich aber bestimmt eine Absage. Als sie uns fragten, warum sie keinen Welpen bekamen, sagten wir ihnen das weder wir, noch Abeni der Meinung waren, dass ein Ridgeback für sie der richtige Hund war. Sie konnten nicht verstehen, dass wir uns an Abenis Verhalten orientierten, schließlich war sie „nur" ein Hund. Das es Züchter gab, die an dem Verhalten ihrer Hündin festmachten, wer einen Welpe bekam, fanden sie mehr als ungewöhnlich.

Es gab Interessen die mit uns über den Preis verhandeln wollten, oder uns anboten den Kaufpreis mit Ratenzahlungen zu begleichen. Darauf ließen wir uns nicht ein, wenn das Geld bereits für den Kaufpreis nicht vorhanden war, wie würde für den Unterhalt gesorgt ? Was passierte wenn der Hund krank war ? Wer bezahlte die nächste Untersuchung ? Fragen über Fragen unsererseits, die damit beantwortet wurden "das wird schon", dann könnte ich mir Geld leihen. Es war abenteuerlich was wir zu hören bekamen. Eine Antwort auf eine meiner Fragen warum es eine Hündin sein sollte war "die muss nur einmal raus. Als ich daraufhin fragte, ob sie auch nur einmal am Tag die Toilette aufsuchen würden, war am anderen Ende der Leitung Ruhe. Andere wünschten sich einen großen starken Rüden, mit der Begründung, er sollte Angst und Schrecken verbreiten. An manchen Tagen klingelte das Telefon am laufenden Band, so dass ich das Gefühl hatte,wir würden die Welpen verschenken. Einerseits fiel es mir schwer zu glauben, dass diese Anrufe ernst gemeint waren, andererseits konnte ich kaum glauben, dass es so viele Menschen gab,die Spaß daran hatten so schräge Geschichten zu erzählen. Manche Leute fragten an, ob sie den Hund billiger bekämen, wenn er nach der Wurfabnahme nicht vermittelt worden war. Wie auch immer wir waren uns der Verantwortung bewusst die wir für Abenis Babys hatten und es stand fest, dass die Welpen nur in geeignet Hände kamen, egal wie lange es dauerte. Ein Welpe ist niedlich aber er wird groß und er kostet Geld. Anfangs macht er noch viel Unsinn. Vielleicht zerkaut er Ihre Lieblingsschuhe, macht aus ihrer Fernbedienung ein Puzzle oder zerlegt ihr Handy. Was dann ? Ihn zu erziehen kostet Nerven, Geld und Zeit. Von anfallenden Tierarztkosten ganz zu schweigen. Über diese grundlegenden Dinge sollten Sie sich vorher Gedanken machen. Auch die Urlaube sehen anders aus. Sie sollten immer daran denken, dass Sie es waren, die ihn zu sich nach Hause geholt haben.

Nachmittags besuchten uns unsere Kinder. Zum Kaffee gab es frische Waffeln mit heißen Kirschen und Sahne. Als wir am Tisch saßen und uns unterhielten, fing unser Enkel plötzlich an zu weinen. Zuerst wussten wir nicht warum er weinte, doch dann sah ich Krümel, die mit seiner Waffel in der Schnauze im Garten verschwand. Sie hatte ihm die Entscheidung esse ich die Waffel jetzt oder später, abgenommen. Seit dem Krümel trächtig war, passierte es schon einmal, dass ein belegtes Brötchen oder ähnliches plötzlich Beine bekam. Da sie ab und zu klaute, gestaltete sie ihren Speiseplan sehr abwechslungsreich. Wir mussten sehr oft über sie lachen, weil sie alles probierte. Neulich musste eine Gewürzgurke, die süß-sauer eingelegt war, daran glauben. Allerdings war ihr nach dem sie die Hälfte verspeist hatte, der Appetit vergangen.

Abeni – unsere Begegnung war eine Bereicherung 100

Früher mochte sie keinen Joghurt, doch gestern erwischte ich sie, wie sie mit einem Kirsch-Joghurt verschwand. Lebensmittel, die sie vorher nicht mochte, lernten plötzlich das Laufen. Besonders bewegend war es für mich, wenn wir abends zusammen auf dem Luftbett lagen und Abenis Babys Gymnastik in ihrem Bäuchlein vollführten. Da ging es oft hoch her. Die Kleinen machten ihr ganz schön zu schaffen und manchmal wusste sich nicht mehr wie sie sich hinlegen sollte.

Geburt

Am 17.07.2014 und 18.07.2014 standen wir jede Nacht auf weil Krümel raus musste. Vor 2 Tagen wollte sie noch Spaziergänge machen, jetzt zog sie den Garten vor. Während mein Mann mit Abeni an der Leine auf dem Rasen herumlief, rannte ich mit einer Taschenlampe und einem Handtuch in der Hand hinter her und leuchtete so gut es ging den Garten aus. Am 19.07.2014 telefonierte ich gegen 18.00 Uhr mit Sabine. weil wir das Gefühl hatten, dass es losging. Abeni kroch unter Büsche, hechelte sehr stark, wollte im Garten bleiben und fing an innerhalb kürzester Zeit riesige Löcher zu graben, ihre Körpertemperatur war auch gefallen. Sabine versprach gegen 20.00 Uhr bei uns zu sein. Als sie da war, hatte Abeni sich ein wenig beruhigt und schlief. Ich kochte eine Kanne Kaffee und machte uns ein paar Schnittchen. Anschließend bauten wir unser Nachtlager im Wohnzimmer auf. Es war 21.00 Uhr und Abeni schlief. War es blinder Alarm ? Mein Mann ging nach oben um sich hinzulegen. Da wir die letzten 2 Tage kaum geschlafen hatten, waren wir sehr müde. Gegen 22.00 Uhr wurde Abeni sehr unruhig. Sie lief hin und her und kreuz und quer. Mal wollte sie raus, dann wieder nicht. Sabine und ich pendelten ständig zwischen Wohnzimmer und Garten hin und her. Plötzlich kratzte Abeni an der Tür, sie wollte raus. Nun lief Sabine mit Abeni an der Leine im Garten herum während ich wieder mit einem Handtuch und einer Taschenlampe bewaffnet, versuchte den Garten auszuleuchten. Gegen 24.00 Uhr wurde Krümel ruhiger. Ich legte mich zu ihr auf das Luftbett um sie ein wenig aufzumuntern. Langsam machte ich mir Sorgen weil ich das Gefühl hatte, dass sie anfing zu schwächeln. Gott sei Dank war Sabine da, die uns Ruhe und Sicherheit gab. Jede Frau die ein Kind zur Welt gebracht hat, kann die Schmerzen nachvollziehen. Bei einem Tier dachte kaum jemand darüber nach ob es starke Schmerzen hatte oder nicht. Ich habe heute eine von Schmerzen geplagte und verwundbare Abeni erlebt. Was müssen Hündinnen die einen Wurf nach dem anderen haben durchmachen ? Sie werden nicht gepflegt, bekommen keine Liebe, sie sind krank, sie sind unterernährt und sie werden nicht tierärztlich betreut. Kein Mensch kümmert sich um sie. Es sind seelische Krüppel. Das Futter ist mehr als mangelhaft, die Welpen sind oftmals krank und genau wie die Mutter, unterernährt. Sie werden nicht sozialisiert, über die Verpaarung macht sich auch niemand Gedanken, es wird genommen, was gerade zur Verfügung steht. Würden sich alle Welpeninteressenten darüber Gedanken machen, hätten Hundevermehrer keine Chance mehr. Aber solange es Menschen gibt, denen dies egal ist Hauptsache der Welpe ist billig, werden die Hundevermehrer immer eine Nische für den Verkauf ihrer Welpen haben. Wir mussten eingeschlafen sein, da ich plötzlich sehr unsanft von Abeni geweckt wurde. Sie hechelte, stöhnte, rannte hin und her.

Sabine war sofort hellwach sprang auf, befestigte sie an der Leine und rannte mit ihr in den Garten. Ich rannte mit Handtuch und Taschenlampe hinter den beiden her. Jetzt hatte Abeni solche Schmerzen das sie, obwohl sie angeleint war, anfing Büsche die schon einige Jahre alt waren samt Wurzeln auszugraben, um sich in die Löcher zu legen. Das ging natürlich nicht. Es war herzergreifend sie so zu sehen. Wir feuerten sie an und bestärkten sie weiterzumachen. Zeitweise hatte ich das Gefühl das Krümel in Trance war. Die Löcher wurden länger und tiefer. Uns flogen Erdklumpen, kleine Steinchen und dünne Äste um den Kopf. Plötzlich hörte sie auf schaute uns an, es sah so aus als wenn sie überlegte, dann zog sie an der Leine und wollte rein. Sie setzte sich in die Wurfbox und es gelang Sabine gerade noch die Leine abzumachen, am 20.07.2014 um 1.00 Uhr nachts, kam Welpe Nummer 1, ein Mädchen auf die Welt. Es war Frl. Blau. Ich nahm Abeni in den Arm, küsste und drückte sie. Vor Freude hatten Sabine und ich Tränen in den Augen. Jeder Welpe bekam als er das Licht der Welt erblickte, ein farbiges Halsband.So konnte ausgeschlossen werden, dass sie verwechselt wurden. Da sie noch keinen Namen hatten, hießen sie wie die Farbe ihres Halsbandes. Für jeden Welpen gab es einen Welpenbogen auf dem das Geburtsgewicht, die Uhrzeit, das Geschlecht u.v.m eingetragen wurden. Frl. Blau wurde gesäubert, untersucht und gewogen, dann zeigten wir Abeni ihr erstes Baby. Anschließend legten wir Frl. Blau in eine vorgeheizte Wanne in der unter einem Fell ein Heizkissen lag, so hatte sie es schön warm. Die Wanne stand neben der Wurfbox, damit Abeni ihr Baby jederzeit sehen konnte. Kaum hatte Krümel sich ein wenig erholt, ging es weiter. Sie sprang aus der Wurfbox, rannte zu dem Korb in dem sich ihr Spielzeug befand, kippte ihn um, schnappte sich eine Ente und biss während der Wehen wild darauf herum. Wir trauten unseren Augen kaum als wir das sahen. Dieses Mal ging es schneller und Welpe Nummer 2 war da. Wir rannten mit Abeni immer noch zwischen Garten und Wohnzimmer hin und her. Welpe Nummer 3 wäre fast auf der Terrasse zur Welt gekommen. Mit letzter Kraft schaffte es Abeni in die Wurfbox zu gehen. Es war 1.30 Uhr und 2 Mädels sowie 1 Junge waren gesund auf die Welt gekommen. So wie es im Moment aussah, legte Abeni eine Pause ein. Ich brachte ihr frisches Wasser, machte sie ein wenig sauber und schmuste mit ihr. Dann legten wir ihr die Welpen in die Wurfbox. Ungefähr 10 Minuten später ging es weiter. Abeni wurde wieder unruhig und rannte hechelnd hin und her. Vorsichtig nahmen wir die Babys aus der Wurfbox und legten sie in den beheizten Korb. Der nächste Welpe machte sich auf den Weg. Ich unterhielt mich mit Sabine als ich hörte wie Abeni an der Küchentür hochsprang sie öffnete und nach oben lief.So schnell ich konnte rannte ich hinter her. Als ich oben war sah ich wie sie zu meinem Mann ins Bett krabbeln wollte. Mein Mann schlief tief und fest und merkte nicht, dass Krümel neben seinem Bett stand. Ich machte ihn wach.Total verschlafen setzte er sich hin, rieb sich die Augen und versuchte zu verstehen, was ich sagte. Dann änderte sich sein Gesichtsausdruck und er sprang aus dem Bett. Abeni heftete sich an seine Fersen, ließ ihn nicht aus den Augen und rannte wie aufgezogen hin und her. Endlich ging die Badezimmertür auf. Zu dritt liefen wir runter. Es dauerte nicht einmal 10 Minuten, da war Welpe Nummer 4 auf der Welt, als mein Mann dieses kleine Wesen sah, war er sehr ergriffen. Offensichtlich wollte Krümel, dass er bei der Geburt ihrer

Welpen dabei war. Gegen 2.00 Uhr kam Welpe Nummer 5 auf die Welt. Die Tierärztin hatte beim letzten Ultraschall 6 Welpen gesehen, so dass wir davon ausgingen, dass sie noch 1 - 2 Welpen auf die Welt bringen würde. Da bereits 5 Welpen das Licht der Welt erblickt hatten, musste sie es bald geschafft haben. Gegen 12.40 Uhr wurde Welpe Nummer 12, ein Mädchen, das leider tot auf die Welt kam, geboren. Kurz danach erblickte Welpe Nr. 13, wieder ein Mädchen es war Frl. Pink, das Licht der Welt. Gegen 13.00 Uhr hatte Krümel es endlich geschafft. Sie brachte 13 Welpen auf die Welt. Mit so vielen Welpen hatte niemand gerechnet. Nachdem die Welpen versorgt waren, die Wurfbox wieder sauber war, kam Abeni an die Reihe. Eigentlich hasste sie es, wenn an ihren Körper Wasser kam aber jetzt genoss sie es sichtlich, dass ich sie sauber machte. Frisch gesäubert, bekam die stolze Mama etwas zum Fressen und Wasser. Nachdem sie sich gestärkt hatte,legte sie sich zu ihren Babys in die Wurfbox und schlief.Wir kamen uns wie Luftballons vor, aus denen die Luft herausgelassen wurde. Die Anspannung und die Aufregungen forderte ihren Tribut. Staunend standen wir vor der Wurfbox in der Abeni mit ihren 12 Babys lag. Sie machte einen entspannten Eindruck, wir waren sehr stolz auf sie und freuten uns darauf mit ihr die Zwerge großzuziehen Das dies mit sehr viel Stress und Tränen verbunden sein sollte, davon hatten wir noch keine Ahnung. Abenis Babys waren Sonntagskinder. Zu den größten Wundern der Welt gehört für mich, wenn Leben geschenkt wird.

Blick hinter die Kulissen

Abeni – unsere Begegnung war eine Bereicherung 105

Die Welpen waren erst ein paar Stunden alt und schon hatten wir unser erstes Sorgenkind. Es war Herr Orange, es sah so aus als wenn er beim Trinken nicht genügend Luft bekam. Jedes Mal wenn er angelegt wurde, fiel er ab und wurde von seinen Geschwistern weggeschoben. Obwohl die Babys erst ein paar Stunden alt und noch sehr hilflos waren, verstanden sie wenn es um den besten Platz an der Milchbar ging, keinen Spaß. Da Sabine seine Trinkversuche ebenfalls merkwürdig fand, entschlossen wir uns mit ihm in die Tierklinik zu fahren. Da wir Abeni mit ihren Babys noch nicht alleine lassen wollten erklärte Sabine sich bereit so lange hierzubleiben, bis wir wieder zu Hause waren. Ich schnappte mir ein Handtuch, wickelte Herrn Orange vorsichtig darin ein, zeigte ihn Abeni, dann fuhren wir zur Tierklinik. Dort angekommen, wurde der kleine Mann untersucht. Man machte uns nicht viel Hoffnung, weil er extrem klein und zart war. Er bekam ein paar Tropfen, wir massierten sein Bäuchlein und redeten mit ihm. Nach 10 Minuten fuhren wir nach Hause. Zunächst sah es so aus, dass er es schaffen würde. Leider verstarb der kleine Mann auf der Fahrt nach Hause. Wir kamen traurig zurück, zeigten Abeni ihr Baby und legten ihn noch einmal zu ihr in die Wurfbox, damit sie sich von ihm verabschieden konnte. Danach legte mein Mann ihn in eine kleine Kiste, die mit dicken weichen Tüchern ausgelegt war, dann wurde er begraben. Etwas später rief ich bei der Tierärztin an und bat sie morgen vorbeizukommen. Sie sollte sich Abeni, ihre Welpen sowie das neue Sorgenkind ansehen. Es war wieder ein kleiner Junge dem es schwer fiel zu trinken. Als die Tierärztin am nächsten Tag zu uns kam untersuchte sie zuerst Abeni und dann die Zwerge. Sie war mit

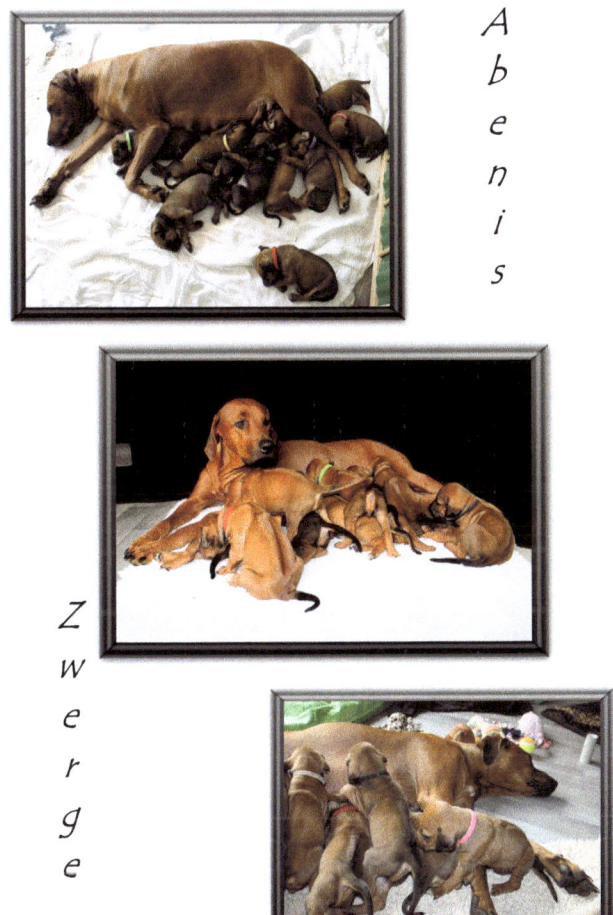

A b e n i s

Z w e r g e

Abeni – unsere Begegnung war eine Bereicherung 107

allen zufrieden, doch als sie unser Sorgenkind untersuchte fiel ihr auf, dass der Kleine einen Wolfsrachen hatte. Die Missbildung war sehr ausgeprägt. Aufgrund seines Alters, er war gerade einen Tag alt, konnte er noch nicht operiert werden. Er würde entweder bei Operation versterben, oder weil er keine Nahrung zu sich nehmen konnte. Obwohl zu 90% feststand das wir ihm nicht helfen konnten überlegten wir, ob es eine andere Möglichkeit gab ihn zu füttern, um ihn später wenn er älter war, operieren zu lassen. Leider gab es keine Möglichkeit. Langsam wurde Abeni unruhig. Sie schien zu merken, dass mit dem kleinen Mann etwas nicht stimmte. Ich versuchte den kleinen Wurm noch einmal anzulegen, aber Abeni nahm Abstand und rückte weg. Es war sehr traurig und unser Herz tat weh. Er wurde, wie sein Bruder gestern, in eine kleine Kiste gelegt, die mit weichen Tüchern ausgeschlagen war, dann nahm ihn die Tierärztin mit, um ihn in der Praxis einzuschläfern. Uns blieb wieder einmal nichts anderes übrig, als uns von dem kleinen Mann zu verabschieden. Nun ging auch er über die Regenbogenbrücke. Am Ende der Regenbogenbrücke wird er seinen Bruder und seine Schwester treffen. Innerhalb eines Tages haben wir 2 Babys verloren.

Als die Tierärztin weg war, wurde Abeni äußerst unruhig und fing an zu wimmern. Offensichtlich war ihr erst jetzt bewusst, dass ein Baby fehlte. Aufgeregt lief sie hin und her. Sie schnüffelt wild herum, wollte in den Garten und suchte dort alles ab. Anschließend kam sie wieder rein, jammerte und suchte oben alles ab. Diese Unruhe hielt den ganzen Tag an. Sie tat uns sehr leid. Wir waren sehr deprimiert, doch es sollte noch stressiger werden. Nachdem die Tierärztin am 21.07.2014 bei uns war, fuhr mein Mann am 22.07.2014 mit Abeni in die Praxis da sich über Nacht ihr Gesäuge stark entzündet hatte und sie sich weigerte, die Zwerge zu säugen. Gestern ging es Abeni noch gut und ein paar Stunden später hatte sie Fieber. Sie bekam eine Spritze und die Tierärztin gab meinem Mann eine Salbe, mit der wir das Gesäuge eincremen sollten. Sie riet ihm, nach jeder Fütterung das Gesäuge zu reinigen, einzucremen und zu kühlen. Zu Hause angekommen lief Abeni sofort zur Wurfkiste, schaute nach ihren Babys, schnüffelte alles ab, drehte sich um und legte sich auf die Couch. Da die Zwerge noch schliefen machte ich einen Wickel um das Gesäuge zu kühlen. Sie lag total entspannt auf der Couch. Nach kurzer Zeit hörte ich ein zaghaftes Piepsen. Da ich mit Abeni auf der Couch saß konnte ich sie beobachten und was ich sah stimmte mich nicht zuversichtlich, da sie in keinster Weise auf das Rufen ihrer Babys reagierte. Zwischenzeitlich wurden die Kleinen energisch, sie hatten Hunger aber Abeni stellte sich taub. Was nun ? Es war das erste Mal das wir Abeni zu etwas gezwungen haben. Aber es gab im Moment keine andere Lösung, da sie keine Anstalten machte sich in die Wurfbox zu legen, leinte ich sie an und schob sie mit meinem Mann zur Wurfbox. Dabei versuchten wir ihr Winseln, das Gejammer und das Meckern zu überhören. Als sie merkte, dass wir darauf nicht reagierten fing sie an zu bocken. Vor der Wurfbox blieb sie wie angeklebt stehen und bewegte sich nicht einen Zentimeter. Plötzlich fiel mir erneut der Spruch ein und bist du nicht willig, so brauche ich Gewalt.Wütend und etwas unsanft beförderten wir sie in die Wurfbox. Als ich sah wie sie mit gesenktem Kopf dort saß hätte ich heulen können. Die Zwerge merkten sofort, dass ihre Mama da war und suchten sie sich schnell ein Plätzchen an der Milchbar. Allerdings hatten nur 5 Zwerge Platz, da Abeni erst nicht zu bewegen war, sich hinzulegen. Die anderen hörten das Schmatzen ihrer Geschwister und machten höllischen Krach, weil auch sie Hunger hatten. Wir streichelten Krümel, wir lobten sie und redeten beruhigend auf sie ein, bis sie sich endlich hinlegte. Das wäre geschafft. Sie lag kaum da kamen die anderen Babys und schoben wie kleine Bulldozer ihre Geschwister zur Seite. Es war erstaunlich wie viel Kraft die Kleinen hatten. Endlich hatten alle ein Plätzchen an der Milchbar gefunden, da wurde Abeni unruhig und versuchte aus der Wurfbox zu flüchten. Offensichtlich hatte sie starke Schmerzen und wir mussten sehr viel Kraft aufwenden um zu verhindern, dass sie die Wurfbox verließ. Endlich waren die Zwerge satt. Abeni sprang wie von der Tarantel gestochen aus der Wurfbox, rannte schnurstracks zur Couch, legte sich hin und schaute uns an als wenn sie sagen wollte, dass war das letzte Mal. In uns verkrampfte sich alles wenn wir daran dachten, dass wir sie mehrmals am Tag mehr oder weniger strangulieren mussten um sie in die Wurfbox zu befördern, damit sie die Zwerge fütterte. In 4 Stunden fand die nächste Fütterung statt. Damit wir Krümel nicht unnötige Schmerzen zufügten, rief ich bei der Tierärztin an um mich zu erkundigen, ob es noch andere Möglichkeit gab, die Babys satt zubekommen. Das was die Tierärztin sagte wollte ich eigentlich nicht hören, denn ihre Antwort war einfach, klar und unmissverständlich. Denken sie an die Welpen und zwingen sie Abeni die Babys zu säugen, ansonsten bekommt sie einen Milchstau und die Milch muss abgepumpt werden. Ich konnte kaum glauben was ich hörte. Es musste doch noch andere Möglichkeiten geben die Welpen zu füttern. Abeni war bestimmt nicht die erste Hündin, die eine Gesäugentzündung hatte. Unsere Nerven lagen blank. Ich rief Sabine an. Sie konnte uns bestimmt helfen. Sie empfahl uns Welpen- und Ziegenmilch zu besorgen und die Zwerge mit der Flasche zu füttern. Mein Mann machte sich auf den Weg um Welpenmilch, Ziegenmilch sowie Milchflaschen mit verschiedenen Saugern zu kaufen. Natürlich wollten wir, dass die Zwerge von Abeni gesäugt wurden, aber das sie jede Mahlzeit von ihr bekamen, war zum jetzigen Zeitpunkt unmöglich. Zuerst legten wir für jeden Welpen eine neue Liste an. In diese Liste wurde nicht nur die Menge der getrunkenen Flaschenmilch eingetragen, sondern auch welcher Welpe von Abeni gefüttert wurde, damit war gewährleistet, dass jeder Welpe auch von Abeni eine Mahlzeit erhielt. Da wir die Babys selber anlegten, konnten sich die stark entzündeten Zitzen etwas erholen. Sollte Abeni sich erneut weigern in die Wurfbox zu gehen wollten wir ausprobieren,ob sie die Zwerge auf der Couch säugt. Unser Plan stand fest. Nun mussten wir ihn in die Tat umsetzen. In ungefähr einer Stunde wussten wir ob er funktionierte. Nach und nach wurden die Zwerge wach. Abeni spitzte die Ohren machte aber keine Anstalten aufzustehen. Als sie merkte, dass ich aufstand, wurde sie nervös, sie fing an zu hecheln und wusste nicht wohin. Offensichtlich rechnete sie damit, dass sie wieder in die Wurfbox gesetzt wurde.Ich beruhigte sie und ließ ihr Zeit sich zu entscheiden. Mit Zwang kamen wir nicht weiter. Plötzlich hüpfte sie von der Couch und lief zur Wurfbox. Anfangs dachten wir, dass sie sich in die Wurfbox legt, aber sie blieb wie angeklebt davor stehen, drehte ab und legte sich wieder auf die Couch. Vor dort aus fing sie an zu singen.Wir hatten das Gefühl, dass sie sehr unter dieser

Situation litt, doch die Schmerzen die sie beim Säugen bekam, hielten sie davon ab zu ihren Babys zu gehen.Als Abeni merkte, dass niemand sie zwang sich in die Wurfbox zu legen, entspannte sie sich merklich. Sie leckte mir die Hände und fing an zu schmusen. Wir ließen sie noch ein paar Minuten in Ruhe dann holten wir 2 Welpen aus der Wurfbox und gingen mit ihnen zur Couch. Abeni machte große Augen als sie uns mit den Zwergen sah. Wir setzten uns mit den beiden neben sie auf die Couch und es dauerte nicht lange, da legte sie sich von selbst auf die Seite, so dass ich die Welpen anlegen konnte. Sie säugte die Kleinen und blieb ganz ruhig liegen, so dass wir 2 weitere Welpen holten, die mein Mann und ich mit der Flasche fütterten.Wir waren glücklich, eine Lösung gefunden zu haben, auch wenn sie sehr zeitaufwendig war. Es kann sich niemand vorstellen wie lange es dauerte bis die 10 satt waren. Waren die letzten Zwerge gesättigt, bekamen die ersten bereits wieder Hunger. Obwohl wir glücklich waren, das Problem Fütterung einigermaßen im Griff zu haben, hatte ich ab und zu das Gefühl schreien zu müssen.Wie sollte es nur weitergehen? Die Zwerge brauchten nicht nur Nahrung sondern auch die Wärme ihrer Mutter. Diese bekamen sie im Moment nur beim Säugen.Wir überlegten hin und her, wie wir das Problem lösen konnten. Plötzlich ging mein Mann nach oben und kam mit einem Kopfkissen unter dem Arm runter. Das Kissen legte er in die Wurfbox, dann kletterte er selber rein und legte sich hin. Die Zwerge kuschelten sich sofort an ihn. Als sie leise wurden,rutschte Abeni unruhig auf der Couch hin und her. Das gefiel ihr überhaupt nicht. Warum waren die Babys jetzt ruhig ?

Jonah und die Zwerge

Abeni – unsere Begegnung war eine Bereicherung 113

Um besser sehen zu können setzte sie sich hin, reckte ihren Hals, bis sie es nicht mehr aushielt und von der Couch sprang. Schnurstracks lief sie zur Wurfbox setzte sich davor, fing an zu nörgeln und wartete darauf, dass ihr Herrchen, die Box wieder verließ. Mein Mann tat so, als wenn er sie weder sehen noch hören würde und dachte nicht daran, die Box auf ihren Wunsch zu verlassen. Ich sah, wie es hinter ihrer Stirn arbeitete. Sie stupste ihn an, knabberte an seinen Ohrläppchen und küsste ihn. Da er nicht reagierte, wurde sie ärgerlich und stimmte ein Kriegslied an. Da mein Mann ahnte was sie vorhatte legte er vorsichtshalber die Zwerge auf eine andere Seite denn während sie sang, stand sie auf und quetschte sich ohne Rücksicht auf Verluste, mit in die Wurfbox. Hatten wir gewonnen ? Es wäre zu schön um wahr zu sein. Etwas später verließ mein Mann die Wurfbox, aber Abeni blieb liegen. Wir kamen aus dem Staunen nicht heraus, war der Bann gebrochen ? Der Gedanke, dass sie von sich aus die Wurfbox aufgesucht hatte, machte uns glücklich und wir schliefen beruhigt ein. Ich weiß nicht genau wie spät es war, aber lange hatten wir noch nicht geschlafen als ich von einer feuchten Hundenase geweckt wurde. Schlaftrunkend setzte ich mich hin und ehe ich mich versah hüpfte Abeni fröhlich auf meinem Luftbett herum. Ich konnte machen was ich wollte, sie machte keine Anstalten diesen Platz wieder zu verlassen. Das Gesäuge war rot und heiß. Ich stand auf und machte kühle Wickel. Bevor ich die Wickel anlegte reinigte ich vorsichtig das Gesäuge und cremte es ein. Ein Blick in die Wurfbox sagte mir, dass es nicht mehr lange dauern konnte, bis die Zwerge wieder wach wurden. Kaum hatte ich den Gedanken zu Ende gedacht, ging es los. Das sie von ihrer Mama nicht nur den Bock, sondern auch die äußerst liebreizende sowie nervtötende Stimme geerbt haben, stellten sie immer öfters unter Beweis. Von einer Sekunde auf die andere ertönten afrikanische Kriegslieder, die wie bei Abeni, in einer Endlosschleife endeten. Es war Strafe genug, wenn Krümel damit anfing, aber wenn sich 10 puppenlustige Zwerge einsangen fing mein Tinnitus an Purzelbäume zu schlagen. Meiner Meinung nach mussten ihre Stimmbänder bereits so dick wie Schläuche sein. Da Abeni mein Bett nicht verlassen wollte, holten wir 2 Zwerge und legten sie an. Wir ließen jeden Welpen ungefähr 10 Minuten bei ihr, die anderen bekamen ein Fläschchen. Die Kleinen hatten schnell raus wie sie an dem Nuckel saugen mussten. Endlich waren alle satt und lagen in der Wurfbox. Wir machten das Licht aus um weiterzuschlafen. Es vergingen kaum 5 Minuten da fingen alle an zu singen und Krümel, die auf meinem Luftbett lag, sang begeistert mit. Wir waren so müde aber sie gaben keine Ruhe.Letztendlich stand ich auf und ging zur Wurfbox. Als die Zwerge mich hörten, sangen sie noch lauter. Krümel sang nicht mehr sie rief in den höchsten Tönen nach ihren Babys, die ohne ihren Gesang zu unterbrechen, sofort antworteten. Es war beeindruckend wie sie sich verständigten aber musste das unbedingt nachts sein ? An Schlaf war nicht mehr zu denken.Ich stand immer noch vor Wurfbox und rief Abeni. Da sie sich denken konnte, was ich von ihr wollte, verschloss sie ihre Gehörgänge,legte ihren Kopf auf mein Kopfkissen und stellte sich dumm. Mein Mann hoffte, dass sie in den nächsten Minuten wieder einschliefen, doch sie dachten nicht daran, schließlich hatten sie sich gerade erst eingesungen. Genervt von der Singerei holte ich die Zwerge aus der Wurfbox und legte 5 auf mein Luftbett, die anderen 5 kamen zu meinem Mann auf die Couch. Abeni war total aus dem Häuschen, sie küsste mich, sie küsste meinen Mann, sie hüpfte fröhlich kreuz und quer und konnte sich nicht entscheiden, zu wem sie sich legen sollte. Endlich hatten alle ein Plätzchen gefunden und es trat Ruhe ein. Zufrieden weil für ein paar Stunden Ruhe eingekehrt war, machte ich das Licht aus. Beruhigt schliefen wir ein. Trotz allem ging mir Abenis Verhalten nicht aus dem Sinn.Die Zwerge waren 12 Tage alt und öffneten die Äuglein. Jetzt dauerte es nicht mehr lange bis sie durch die Gegend robbten. Sie nahmen täglich an Gewicht zu, waren rumpelpumpel gesund und munter. Abenis Gesäuge hatte sich erholt. Wir hatten gute Arbeit geleistet. Es machte uns glücklich, dass alle zufrieden und gesund waren. Ab der 3 Woche konnten wir den Zwergen zusätzlich Brei anbieten. Wir hofften, dass dann die Fütterei nicht mehr so stressig und zeitaufwendig war. Abeni machte nach wie vor einen großen Bogen um die Wurfbox. Nur wenn ich oder mein Mann sich mit ihr reinsetzten kam sie und legte sich dazu. Das Abeni die Zwerge nur in unserer Gegenwart fütterte lag wahrscheinlich daran, dass sie wusste wenn sie Schmerzen bekam wir ihr halfen. Wir waren uns ziemlich sicher, dass wir mit dieser Vermutung recht hatten. Da die Wurfbox für Abeni und die Zwerge war und nicht für uns, beschlossen wir sie in den nächsten Tagen abzubauen. Die Babys waren 16 Tage alt, sie spielten miteinander und stritten sich. Es war unglaublich, wie viel Lärm diese kleine Rasselbande machte. Wenn sie uns hörten oder sahen, gerieten sie außer Rand und Band. Sie bekamen Brei, Fläschchen und die Milchbar von Abeni stand auch noch zur Verfügung. Das Gesäuge hatte sich erholt, so dass wir die Zwerge 2 Mal am Tag anlegen konnten. Da die Wurfbox nicht mehr stand, bauten wir den Laufstall auf. Wir hatten uns für ein Stecksystem aus unbehandelten Holz entschieden, dass sich individuell der Raumgröße anpassen ließ. Wir stellten unterschiedlich große Hundebetten auf und legten verschiedene Felle, farbige Tücher und andere Stoffmaterialien auf den Boden. Zusätzlich stellten wir ein großes Hundebett auf, in das alle reinpassten. Wurde abends das Luftbett mit Luft befüllt, machten sich die Zwerge sich in einer Lautstärke bemerkbar, die Tote zum Leben erweckte.Sie wussten ganz genau, dass nun der gemütliche Teil anfing und alle wollten zu gleichen Zeit raus. Seitdem sie abwechselnd mit meinem Mann auf der Couch zusammen mit Abeni oder mit mir auf dem Luftbett schliefen, konnten wir wesentlich ruhiger und ein wenig länger schlafen. Sie kuschelten sich ganz nah an unsere Körper und schliefen schnell ein. Da immer gewechselt wurde, kamen alle in den Genuss auch nachts mit Abeni zu kuscheln. Falls sich jemand fragen sollte wie wir geschlafen haben, danke sehr gut. Da wir seit dem die Zwerge auf der Welt waren unter chronischer Müdigkeit litten, konnten wir fast überall und auf allem schlafen. Als die Zwerge vier Wochen alt waren, bekamen wir jeden Tag Besuch von Interessenten und zeitweise stand das Telefon nicht still. Es war anstrengend stundenlange Gespräche zu führen, doch da die Leute viel erzählten wurde uns manche Absage bereits im Vorfeld leichter gemacht und ein Fehlkauf dadurch vielleicht verhindert. Überwiegend haben wir sehr nette, freundliche, aufgeschlossene und verantwortungsvolle Menschen kennengelernt. Leider gab es auch Zeitgenossen die frech und unverschämt wurden, weil sie eine Absage nicht akzeptieren konnten. Seit dem die Wurfbox nicht mehr stand, legte Abeni sich von alleine zu ihren Babys, die dies sichtlich genossen.

Was uns immer wieder erstaunte war, dass sie sich offensichtlich merkte, in welchem Hundebett sie gelegen hatte, denn bei der nächsten Schmuserunde, lag Abeni woanders. Sie wechselte im Uhrzeigersinn die Hundebetten. Manchmal lagen 10 Zwerge mit Abeni in dem großen Hundebett. Im Laufe der Zeit kristallisierte sich heraus welche Geschwister am besten miteinander harmonierten. So waren Frl. Blau und Frl Pink nicht nur tagsüber zusammen, sondern sie hielten sich fast immer in Abenis Nähe auf. War Schlafenszeit achteten die beiden darauf, dass Frl. Lila, Herr Braun und Herr Schwarz in ihrer Nähe lagen. War das nicht der Fall, fingen sie an nachts zu wandern. Damit sie bei der Nachtwanderung nicht von der Couch oder dem Luftbett fielen, stellten wir das Luftbett direkt neben die Couch. Besonders amüsant war es, wenn sie sich gestritten hatten, da die Streithähne dann untereinander Abstand hielten. Machte sich der Sandmann auf den Weg achteten sie darauf getrennt voneinander zu schlafen.Im Prinzip benahmen sie sich wie kleine Kinder. Mit knapp 5 Wochen durften die Zwerge raus. Damit sie sich auch bei schlechtem Wetter draußen aufhalten konnten, wurde auf der Terrasse ein Pavillon mit Seitenteilen und Fenstern aufgestellt. Durch die Seitenteile waren sie vor Regen und Wind geschützt. Auf den Terrassenboden lag eine Folie über die mein Mann Heu streute. Wir stellten noch ein kleines Zelt, mit flatternden Seitenteilen und verschiedenen Einstiegslöchern auf. Einen Heuballen zum Zerpflücken gab es auch. Abeni war die erste die das Außengehege begutachtete und machte die TÜV-Abnahme. Ihr gefiel es auch und sie war die erste, die dort Pippi machte. Der Gedanke, dass daran, dass sie nie wieder Pippi im Regen machen musste stimmte sie sehr glücklich. Ich glaube, wenn es nach ihr gegangen wäre, würde der Pavillon heute noch dort stehen. Abeni ging es wieder sehr gut. Die Gesäugeentzündung war so gut wie abgeheilt. Sie säugte die Welpen egal ob wir dabei waren oder nicht. Zum Trinken bekamen alle nach wie vor Ziegenmilch anstatt Wasser. Die Zwerge drehten komplett durch wenn sie hörten, wie die Futterringe in der Küche gefüllt wurden. Wir mussten artistische Verrenkungen vollführen um mit den gefüllten Futterringen in den Laufstall zu kommen, ohne den Inhalt zu verschütten. Ein Futterring war für die Nimmersatten die den ganzen Tag nur fressen konnten dazu gehörten Herr Braun, Frl Gelb, Frl. Hellgrün, Frl Blau und Herr Rot. Der zweite Futterring wurde von uns mit Argusaugen bewacht, da er ansonsten ohne mit der Wimper zu zucken, von den Nimmersatten ebenfalls inhaliert worden wäre. Während einige nur das Fressen im Kopf hatten, ging Frl Pink zusammen mit Herrn Schwarz im Brei spazieren. Strengte sie das Laufen zu sehr an, weil ungefähr 1 kg Brei an ihren Pfoten klebte, schmierten sie diese Pampe mit großer Begeisterung auf die Köpfe, an die Körper oder in die Gesichter ihrer Geschwister.Das anschließend eine Ganzkörperwaschung fällig war, hatten sie noch nicht verinnerlicht. Abeni beobachtete die Fütterung erst einmal von der Couch, da sie gestern ein schrecklichen Erlebnis hatte. Gestern stürzte sie sich völlig unüberlegt aus reiner Fressgier, auf die Reste aus dem Futterring, ohne darauf zu achten, wie es rund herum um sie aussah. Während sie den restlichen Brei fraß, wurde sie von ihren Babys fleißig mit Brei bemalt, so dass sie bald ein Körperkunstwerk darstellte. Sie sah gefährlich aus. Als sie das Welpengehege verlassen wollte, hielt ich sie fest. Sie war etwas verwundert, aber dachte sich nichts dabei. Als mir mein Mann einen Eimer mit Wasser zusammen mit einen Waschlappen reichte, wusste sie was passierte. Sie konnte nicht mehr fliehen, weil der Fluchtweg verschlossen war. Schweren Herzens ließ sie die Ganzkörperwaschung leidend über sich ergehen. Seit diesem Tag passte sie höllisch auf. Waren Reste vorhanden, hüpfte sie von der Couch lief ruhig und erhaben in dem abgeteilten Teil des Wohnzimmers herum, schaute nach links und nach rechts ob nicht irgendwo ein schmutziger Zwerg saß, oder ob der Fußboden noch von Breiresten verschmutzt war. Sah sie das in der Küche ein Eimer mit Wasser stand verzichtete sie großzügig auf die Reste. Für solche Miniportion riskierte sie nicht wieder einen Waschgang. Erst wenn alles sauber war, nirgendwo ein mit Wasser gefüllter Eimer, oder ein schmutziger Zwerg stand und sie sicher sein konnte, dass sie nicht wieder gewaschen wurde, fraß sie die Reste. Der Holzlaufstall fing an stark an zu schwächeln und es würde bestimmt nicht mehr lange dauern bis die Zwerge in Teamwork die Gitterstäbe zu Kleinholz verarbeitet haben. Obwohl überall Kauknochen oder Kauschuhe, Seile sowie Spielzeug herumlag knabberten sie lieber an den Gitterstäben aus Holz.Besondere Aufmerksamkeit schenkten sie der Gittertür. Wurde sie geschlossen stürzten sie zu sofort dort hin und rüttelten wie wild daran. Sie suchten ständig nach Mitteln und Wegen aus dem Laufstall herauszukommen. Sie kletterten auf ihren schlafenden Geschwistern herum,zerrten an den Decken und versuchten sich an allem hochzuziehen.Besonders wütend wurden sie, wenn Abeni an dem Laufstall vorbeiging, dann wurde gemeckert, gerüttelt, geschrien und getobt. Wahrscheinlich dachten sie, wenn sie besonders viel Krach machten, dass Abeni sie rausließ. Doch die dachte nicht daran.

Sie war froh, wenn sie Pause hatte und sich mit den kleinen Nervensägen nicht beschäftigen musste. Wenn es ihr möglich gewesen wäre, hätte sie ihnen eine lange Nase gedreht. Abeni war eine sehr gute Mutter mit Nerven dick wie Drahtseile. Ihr fiel sofort auf wenn ein Zwerg fehlte, dann rannte sie unruhig herum und gab erst dann Ruhe, wenn die Mannschaft komplett war. Die Zwerge wurden immer aufmüpfiger und probten den Aufstand, so dass wir die Holzgitter gegen Metallgitter austauschen mussten. Die Freude war riesig als sie sahen, dass die Holzgitter verschwanden, allerdings änderte sich das sofort als sie merkten, dass wieder Gitter aufgestellt wurden und sie erneut hinter schwedischen Gardinen saßen.Nachdem sie festgestellt hatten, dass die Metallgitter nicht so schmackhaft waren wie die Holzgitter, kam einer der Zwerge auf die Idee, seinen Kopf unten durch die Gitterstäbe zu stecken in der Hoffnung, so die Flucht ergreifen zu können. Als der Rest das sah hatten sie nichts anderes zu tun, als es ihm nachzumachen. Während einige den Kopf durch die Gitterstäbe steckten, kletterten die anderen auf den Rücken ihrer Geschwister und versuchten auf diese Art und Weise, aus dem verhassten Gefängnis herauszukommen. Als wir das sahen, bekamen wir ein ungutes Gefühl. Was passierte, wenn ein Zwerg seinen Kopf nicht mehr rausziehen konnte ? Mein Mann fuhr sofort zum Baumarkt und kaufte Rasenkanten, die wir unten durch die Gitterstäbe zogen, damit die Zwerge ihre Köpfe nicht mehr durch die Gitter steckten. Für uns wurde es immer schwieriger den Laufstall zu verlassen.Obwohl sie alles sahen und hörten was um sie herum passierte, es reichte ihnen nicht mehr. Sie wollten selber am Ort des Geschehens sein.Für das kommende

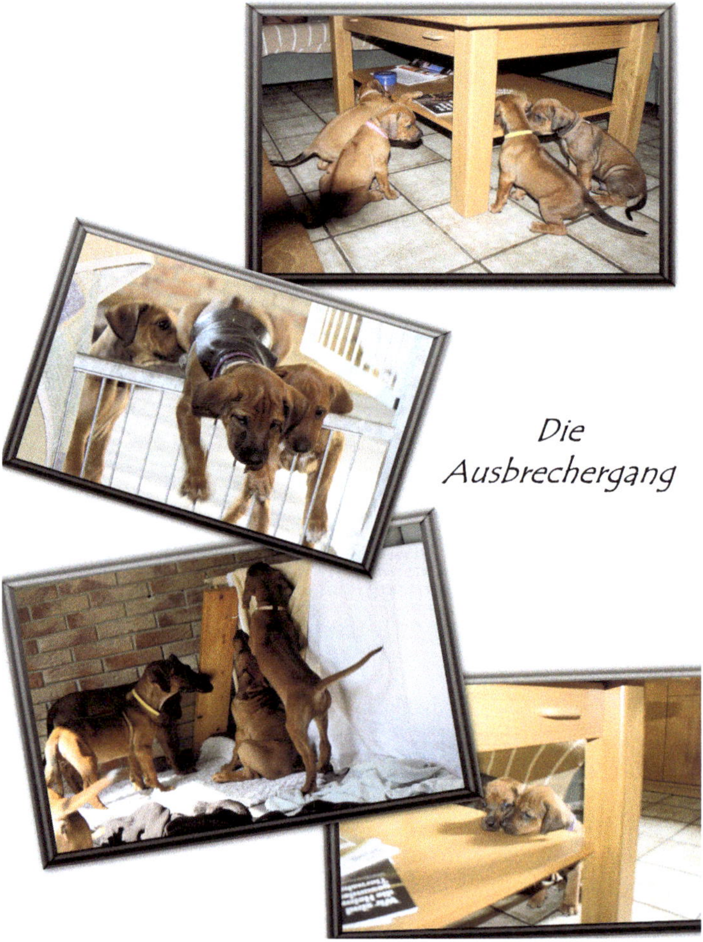

Die
Ausbrechergang

Abeni – unsere Begegnung war eine Bereicherung 122

Wochenende hatten sich die ersten 4 Interessenten, die eine Zusage von uns hatten, angesagt. Sie konnten es kaum erwarten sich Abenis Babys anzusehen. Heute Nachmittag besuchten uns Heike und Jürgen, mit Kimba. Schließlich wurde Kimba von ihrer Schwester zur zehnfachen Patentante gemacht. So etwas passierte nicht jeden Tag. Vor der Haustür stand ein kleiner Tisch auf dem eine Flasche Desinfektionsspray und ein Karton mit OP-Schuhen stand. Mit dem Spray mussten die Besucher sich die Hände desinfizieren und OP-Schuhe über ihr Schuhwerk ziehen, damit keine Bakterien ins Haus gebracht wurden. Das Wetter war schön und der Kaffeetisch war gedeckt. Abeni schlich neugierig um den Tisch herum und machte sich Gedanken darüber wer uns besuchte. Da wir nicht wussten wie sie reagierte, wenn Kimba vor den Welpen stand, sollten sich die beiden zuerst allein im Garten begrüßen. Als Kimba und Abeni sich sahen war die Freude riesengroß. Heike und Jürgen wurden von einer völlig ausgeflippten und wuschigen Abeni begrüßt, die nicht wusste, was sie zuerst machen sollte. Sie küsste die beiden, sprang an ihnen hoch und leerte gleichzeitig ihre Taschen, in denen sich Leckerlis befanden. Die Zwerge saßen im Laufstall und sahen mit großen Augen zu. Sie hätten gerne mitgemacht. Alle legten ihre Stirn in Falten und überlegten. Wenn 10 kleine Monster ihre Stirn in Falten legten bedeutete das, 10fach aufpassen. Abeni genoss es sichtlich mit ihrer Schwester allein zu sein und in Ruhe mit uns Kaffee zu trinken. Nachdem Kaffeetrinken, ließen wir die Zwerge raus. Sie stürzten sich genau wie Abeni, voller Freude auf Heike und Jürgen aber auch auf Kimba. Damit hatte Kimba nicht gerechnet. Ihr fiel vor Schreck die Kinnlade herunter. Zuerst kam sie gut zurecht aber dann merkten wir, dass restlos durcheinander und überfordert war. Sie stand wie paralysiert im Garten und überlegte was sie tun sollte. Die kleinen Monster kamen aus jeder Ecke. Mit Abenis Hilfe konnte sie nicht rechnen, da sie offensichtlich froh war, dass Kimba jetzt geärgert wurde. Hilflos und von ihrer Schwester verlassen, stand Kimba da und flehte um Hilfe. Sie wusste nicht mehr was sie machen sollte. Sie verstand nicht, warum von den 10 niemand auf ihr Knurren reagierte. Die Rasselbande wusste genau, dass nichts passierte, sie hatten die arme Kimba durchschaut und nutzten ihre Gutmütigkeit schamlos aus. Als die die Zwerge auch noch versuchten von ihr Milch zu bekommen und sie in die Beine zwickten, war es aus. Egal wo Kimba hinlief oder hinschaute, die Zwerge waren überall. Sie versuchte alles um den kleinen Monstern zu entkommen doch sie lauerten überall. Egal wo sie hinlief, sie wurde immer begleitet. Dann reichte es ihr. Sie lief auf die Terrasse und setzte sich bei Heike auf den Schoß, aber als die Zwerge auf die Terrasse kamen, reichte es Kimba und sie versuchte jetzt ohne Rücksicht auf Verluste bei Heike auf den Arm zu kommen. Die kleinen Teufel ließen sie einfach nicht Ruhe. Der armen Kimba ging es richtig schlecht, sie schaffte es nicht, sich die kleinen Monster vom Hals zu halten, so dass Heike und Jürgen beschlossen, sie zum Auto zu bringen. Die Patentante hatte endgültig die Nase von ihren Nichten und Neffen voll. Es hatte keinen Zweck.Enttäuscht sah Abeni ihrer Schwester nach. Jetzt musste sie sich wieder alleine um die Rasselbande kümmern. Morgen kamen die ersten Interessenten und wir wussten immer noch nicht, ob Frl. Pink oder Frl. Blau bei uns bleibt.

Ein paar Tage später passierte etwas, das wir gerne verhindert hätten. Abeni war bei den Zwergen um sie zu säugen. Als sie fertig war, ließ mein Mann sie raus ohne sich zu vergewissern, dass die Tür richtig geschlossen war. Dies blieb 20 Augenpaaren natürlich nicht unbemerkt und kurz bevor die ersten Interessenten kamen, brach die Rasselbande aus. Als das passierte, war ich in der Küche und mein Mann oben, doch als eine verstörte Abeni in die Küche kam wusste ich, dass etwas passiert war. Die l0 waren überglücklich über ihre gewonnene Freiheit. Endlich konnten sie überall hin. Das ihre Mutter geschockt war, machte ihnen nichts aus. Das fehlte auch noch zumal jeden Moment die Braunschweiger eintrafen.Während mein Mann Hundefänger spielte, pieselten die ersten die anderen bescherten uns ein Häufchen. Bevor sie durch die Pfützen liefen und ihre Häufchen platt liefen, fing ich an die Häufchen einzusammeln und zu wischen. Da klingelte es und die Braunschweiger waren da. Ich bat sie, ihre Hände mit dem Desinfektionsspray, das sich auf einem kleinen Tisch der vor der Haustür stand, befand zu desinfizieren und aus der Schachtel mit OP-Schuhen, die ebenfalls auf dem Tisch standen, ein Paar überzuziehen, dann ließ ich sie rein. Sie waren von dem Gewusel begeistert. Während 7 Zwerge bereits hinter schwedischen Gardinen saßen, erfreute sich Herr Braun immer noch an seiner neu gewonnen Freiheit. Als er die Besucher sah begrüßte er sie und schleimte sich richtiggehend ein. Er war total begeistert von den beiden, als auch er wieder hinter schwedischen Gardinen saß, fing er sofort an aufs Schärfste zu protestieren. Nachdem Kaffeetrinken gingen die Interessenten in den Laufstall setzten sich hin, um sich die Rasselbande anzuschauen. Die beiden waren sich noch nicht sicher, ob sie sich für einen Rüden oder eine Hündin entscheiden sollten, dass ihnen die Entscheidung von einem kleinen Mann, der ein braunes Halsband trug, bereits abgenommen wurde, dass ahnten sie noch nicht. Wir ließen die beide in Ruhe und schauten ihnen zu. Während sie sich mit den Zwergen beschäftigten, schubst Herr Braun seine Geschwister immer wieder weg. So sorgte er dafür, dass er nicht in Vergessenheit und aus ihrem Blickfeld geriet. Während sie noch überlegten, nahm Herr Braun das Zepter in die Hand. Er hatte für sich beschlossen, dass die beiden für ihn die richtigen Hundeeltern waren. Er fing an sie zu umgarnen und suchte ständig ihre Nähe. Gebannt verfolgten mein Mann und ich das Schauspiel. Nach 2 Stunden stand fest, was der kleine Mann von Anfang an wusste, sie wurden seine Hundeeltern. Aus Herrn Braun wurde Brownie. Am nächsten Tag bekamen wir Besuch aus Dresden. Sie gehörten ebenfalls zu den ersten 4 Interessenten.Genau wie gestern Herr Braun, kam Herr Rot angehoppelt, als Annika den Laufstall betrat und sich zu den Welpen auf den Boden setzte. Auch er schmuste und kasperte mit ihr herum und versuchte mit allen Mitteln ihre Aufmerksamkeit auf sich zu ziehen und sie zu behalten. Herr Rot hatte sich bereits zu 80% in Annikas Herz geschlichen. Als für einen kurzen Moment Herr Grün hinzukam, wurde er von ihm einfach überrollt. Während ich fasziniert zusah wie auch Herrn Rot dafür sorgte, dass seine Geschwister genügend Abstand zu "seinem" Frauchen hielten, hörte ich im Hintergrund etwas Rascheln. Zuerst nahm ich an, dass die Zwerge dieses Geräusch verursachten. Dann kam das Geräusch wieder und plötzlich wusste ich woher es kam Ich stand auf und glaubte nicht was ich sah. Krümel hatte sie sich in Ruhe, und ohne Hektik die restlichen Kekse und 2 Stück Kuchen einverleibt. Als sie mich sah, kaute seelenruhig weiter und schaute mich mit einem Blick an der mir sagen sollte,sag bloß nichts. Kommentarlos räumte ich den Tisch ab. Als ich wieder zum Laufstall kam sah ich, dass Annika total glücklich und zufrieden war. Sie hielt Herrn Rot auf dem Arm und schmuste mit ihm. Auch hier waren die Würfel gefallen. Herr Rot und Annika hatten sich gefunden. Aus ihm wurde Bahari. Herr Braun (Brownie) und Herr Rot (Bahari) hatten sich tatsächlich ihre Zweibeiner alleine ausgesucht. War das Zufall ? Offensichtlich nicht, da mein Mann die gleiche Wahrnehmung hatte wie ich. Trotzdem nahm ich mir vor, bei den nächsten Besuchern noch mehr aufzupassen. In die nächsten Interessenten hatte sich Herr Grün der dunkelste von allen, mit einem Blick der Eisberge zum Schmelzen brachte, von der ersten Sekunde an verliebt. Das Ehepaar besuchte uns mit ihren 3 Kindern. Herr Grün ging auf sie zu, schaute sie an und das war es. Er kam sah und siegte. Er rempelte weder seine Geschwister an noch schubste er sie weg. Er blieb einfach bei seinen Leuten, legte sich auf den Rücken und ließ sich streicheln. Bereits nach 10 Minuten wurde aus Herrn Grün Amiri. Total verblüfft waren wir über das Verhalten der Zwerge bei Besuchern die überhaupt kein Interesse an ihnen hatten sondern nur da waren, weil sie nicht wussten was sie am Wochenende unternehmen sollten. Solche Interessenten nannte man "Sehleute". Waren Sehleute da kamen alle fröhlich angewackelt, ohne sich jedoch für eine bestimmte Person zu interessieren. Bei solchen Besuchern gab es unter den Zwergen keine Streitereien und Abeni blieb völlig desinteressiert auf der Couch liegen und tat so, als wenn sie gar nicht da waren. Es war spannend und äußerst interessant die Zwerge zu beobachten. In dieser Hinsicht bin ich sehr traurig, dass kein weiterer Wurf mehr folgen wird, da ich nie wieder Gelegenheit haben werde, Welpen so intensiv beobachten zu können. Aus diesem Grund war ich sehr froh, dass ich ein Tagebuch geführt habe. Die nächsten Interessenten kamen aus der Nähe von Düsseldorf. Auch sie hatten bereits eine feste Zusage. Nach dem Kaffeetrinken gingen sie zu den Welpen. Frl. Lila war die erste, die sie begrüßte. Sie war eine Hündin mit viel Power, die keinem Streit aus dem Weg ging und so benahm sie sich auch. Frl. Lila schob wie ein Bulldozer ihre Geschwister die sich ihr in den Weg stellten, einfach weg. Sie fuhr sofort ihre Krallen aus als Frl. Beige dazukam, so dass ihrer Schwester nichts anderes übrig blieb, als den Rückweg anzutreten. Als die anderen sahen, wie sich ihre Schwester verhielt, zogen sie es vor, Abstand zu halten. Sobald Frl. Lila wieder die volle Aufmerksamkeit ihrer Zweibeiner hatte, zeigte sie sich von ihrer Schokoladenseite. Sie ließ sich kraulen, legte sich auf den Rücken,war zärtlich, aber passte höllisch auf, dass ihre Geschwister im Hintergrund blieben. Ich hatte das Gefühl als wenn sie am Hinterkopf Augen hatte. Sie bekam sofort mit, wenn einer ihrer Geschwister sich näherte. Eine Stunde später stand fest was wir und Frl. Lila von Anfang an wussten Aus Frl. Lila wurde Dana. Genauso lief es mit Frl. Gelb, die den Namen Mala erhielt und Frl.Türkis, die Pauline genannt wurde. Mala und Pauline waren zwei völlig unauffällige,schöne,liebe und ruhige Hündinnen. Sie verstanden sich mit allen und es war äußerst selten, dass sie wütend oder sauer waren. Nach Danas Verhalten glaubten wir nicht mehr an einen Zufall. Die Zwerge suchten sich tatsächlich ihre Zweibeiner selber aus.

Abeni – unsere Begegnung war eine Bereicherung 128

Es war an einem Sonntag als sich Interessenten aus der Nachbarschaft meldeten und nachfragten, ob sie gleich vorbeikommen konnten. Sie hatten durch Zufall erfahren, dass Abeni Welpen hatte. Sie kannten Abeni und waren von ihr begeistert. Fünf Minuten später saßen sie mit ihrer Tochter bei uns auf der Terrasse und wurden von Abenis Rasselbande in Beschlag genommen. Unsere Nachbarin sowie ihre Tochter wollten unbedingt einen Welpen, während unser Nachbar nicht sicher war, ob überhaupt ein Hund ins Haus kommen sollte. Während er auf der Terrasse saß und überlegte, kam Frl.Beige angelaufen, legte sich auf seine Schuhe und bearbeitete seine Schnürsenkel. Frl. Beige blieb wie angeklebt auf den Schuhen liegen und ging nicht mehr weg. Als die anderen das sahen, ließen sie Frl. Beige in Ruhe und zogen sich zurück. Unser Nachbar war so überrascht, dass er sagte die oder keine und so wurde aus Frl. Beige Ajana. Innerhalb von ein paar Tagen hatten sich bis auf Frl. Blau, Frl. Pink und Herrn Schwarz alle Welpen ihre Leute ausgesucht und wir stellten uns wieder einmal die Frage, welche Hündin bei uns blieb. Das es so schwer war eine Entscheidung zu treffen hätte ich nie gedacht. Da es uns mit jedem Tag schwerer fiel eine Entscheidung zu treffen, wollten wir es nun davon abhängig machen, wie sie sich bei den noch auf der Liste stehenden Interessenten benahmen. Sollte sich eine von beiden genauso spontan wie ihre Geschwister, für ein anderes Ehepaar entscheiden, würden wir sie abgeben.

Schließlich war es nicht nur finanziell ein Unterschied ob wir 2 oder 3 Hunde halten, auch das Handling, das Rausgehen, sowie die Erziehung von Wurfgeschwistern war, zumindest in den ersten 3 Jahren, bestimmt nicht einfach. Da wir uns aber sicher waren, dass wir nur eine von beiden behalten dachten wir darüber nicht weiter nach. Schließlich beschäftigten wir uns mit dieser Frage welche Hündin Frl. Pink oder Frl.Blau blieb, schon seit dem sie das Licht der Welt erblickt hatten.

Zweit Tage später erwischte ich Frl. Pink wie sie sich heimlich nach oben schlich. Sie die erste die sich bei mir oder bei meinem Mann, tagsüber auf der Couch einen Platz suchte. Sie war immer da wo wir waren und wurde sehr ärgerlich, wenn sie zu den anderen gesetzt wurde.Von ihren Geschwistern wäre keiner auf die Idee gekommen, einfach nach oben zu verschwinden, obwohl sie die gleiche Möglichkeit hatten, wie Frl. Pink. Je länger wir über ihr Verhalten nachdachten,fiel es uns wie Schuppen von den Augen. Frl. Pink hatte sich für uns entschieden. Wir waren darüber so überrascht, dass wir uns nun ernsthafte Gedanken über Frl. Blau machten. Frl. Pink hatte für uns die Entscheidung getroffen und so wurde aus ihr, Akili. Frl. Blau musste gemerkt haben, dass eine Entscheidung gefallen war, denn sie veränderte ihr Verhalten uns gegenüber total. Sie wurde aufmüpfiger, klebte noch mehr an Akili, lief immer hinter uns her und machte ihrer Schwester alles nach. Als Akili wieder einmal ausbüchste und nach oben verschwand, war Asali mit dabei. Es hätte von den Zwergen jeder die Möglichkeit gehabt nach oben zu laufen, aber es war Frl.Blau. Frl. Blau lag nun auch mit uns auf der Couch und machte ein Heidentheater, wenn sie dort keinen Platz bekam. Erschwerend kam hinzu, dass die beiden bei Abeni auch viel mehr durften als die anderen. Wollte Krümel auch das sie bei uns blieb ? Aus Akili und Frl. Blau wurden siamesische Zwillinge.Das sich

und

Frl.
Blau

Frl.
Pink

Abeni – unsere Begegnung war eine Bereicherung 131

für Frl. Blau niemand interessierte lag bestimmt daran, dass sie sich immer verkrümelte wenn Interessenten da waren. War Schlafenszeit hüpfte sie mit Akili auf die Couch oder auf das Luftbett und drückte ihren kleinen Körper zusammen mit ihrer Schwester ganz fest an unseren oder Abenis Oberkörper. Die anderen durften sich an unsere Beine legen und wehe dem, der ihnen diese Vorzugsplätze streitig machte. Tagsüber hatten sie keine Probleme damit, wenn wir uns um ihre Geschwister kümmerten oder mit ihnen schmusten. Aber abends waren die Plätze an unseren Oberkörpern für die anderen tabu. Heute kam Sabine vorbei um sich die Zwerge die sie mit auf die Welt gebracht hatte, anzusehen. Sabine war begeistert von ihnen. Beim näheren Hinsehen bemerkte sie bei zwei Hündinnen, einen Dermoid Sinus. Wir waren total erschrocken, als wir das hörten. Sabine beruhigte uns und sagte dass ein Dermoid Sinus sehr gut operiert werden kann, so dass der Hund keine gesundheitliche Beeinträchtigungen zurückbehält. Die Operation wird im Alter von 6 Wochen durchgeführt. Es handelt sich um eine rassespezifische Krankheit, die fast ausschließlich beim Rhodesian Ridgeback vorkommt. Es ist eine Zyste, die durch die unvollständige Trennung der Epidermis- und Nervensystemzellen in der embryonalen Entwicklung entsteht. Diese Erkrankung ist erblich, es handelt sich dabei um einen genetischen Defekt. Da die Fehlbildung an Nachkommen weitergegeben werden kann, dürfen diese Hunde nicht zur Zucht genommen werden. Sabine rief sofort bei einem Tierarzt an den sie gut kannte. Dieser hatte schon viele Dermoid Sinus Operation durchgeführt. Wir machten sofort einen Termin aus. Diese Diagnose mussten wir erst einmal verdauen. Etwas später setzte ich mich mit den Käufern der beiden Hündinnen telefonisch in Verbindung setzen. Als die Käufer von ihren Hündinnen "ausgesucht" wurden, wussten wir von dieser Fehlbildung noch nichts. Ich konnte mir sehr gut vorstellen dass sie einen Schreck bekamen, wenn sie das hörten. Uns würde es auch nicht anders ergehen. Die Zweibeiner die Mala (Frl. Gelb) sich ausgesucht hatte, nahmen die Nachricht als ich ihnen versicherte, dass nach der Operation keine gesundheitliche Beeinträchtigungen zurückblieben und wir selbstverständlich die Kosten für die Operation sowie der Nachsorge tragen, sehr ruhig auf. Sie wollten ihre Hündin, behalten.Die Zweibeiner für die sich Dana (Frl.Lila) entschieden hatte, waren mehr als bestürzt. Wir verblieben so dass sie morgen Nachmittag vorbeikommen um an Ort und Stelle zu entscheiden, ob sie Frl. Lila behalten oder sich für Frl. Blau entscheiden. Als sie am nächsten Tag die Welpen besuchten kam Dana ihnen fröhlich entgegen. Die beiden saßen kaum, da legte sie sich auf ihren Schoß und war nicht zu bewegen, sich woanders hinzulegen. Da Dana sich nicht 1 Zentimeter bewegte und sich auch nicht wegsetzen ließ, waren die beiden in ihrer Bewegung sehr eingeschränkt und konnten sich Frl. Blau nicht in Ruhe ansehen. Frl. Blau wiederum wollte gar nicht gesehen werden und schlich mit hängendem Kopf durch die Gegend. Wir hatten den Eindruck, dass Dana spürte das etwas nicht in Ordnung war. Sie verstand nicht, warum sich "ihre" Hundeeltern plötzlich mit ihrer Schwester beschäftigen wollten. Das gefiel ihr überhaupt nicht. Dana knurrte ihre Schwester an, ging zum Angriff über und scheuchte sie weg. Frl. Blau die sowieso nur widerwillig bei Danas Leute war drehte sofort um und legte sich in ein Hundebett, das weit weg von Dana stand. Danas Verhalten fiel auch ihren Zweibeinern auf und sie fingen an sie mit Frl. Blau zu vergleichen, dabei gewann ihre Dana haushoch. Alles was ihnen an Dana gefiel, fehlte ihrer Schwester. Frl. Blau erschien ihnen zu ruhig und viel zu scheu. Nach einer Stunde waren sie fest davon überzeugt, dass Dana genau die richtige Hündin für sie war und sie haben bis heute diesen Entschluss nicht bereut.

Die Zwerge waren 6 Wochen alt und der OP-Termin für Dana und Mala stand an. Um 8.00 Uhr mussten wir in der Praxis sein. Damit wir uns in Ruhe auf den Weg machen konnten, erklärte Konni, die 2 Ridgeback Rüden hatte sich bereit, auf die anderen 8 aufzupassen. Als wir mit Dana und Mala das Haus verließen, war Abeni nicht begeistert. Sie sprang um uns herum und wollte unbedingt mit, aber das ging nicht. Die Operation dauerte nicht lange, es gab keine Komplikationen und die beiden hatten alles gut überstanden. Als wir mit ihnen nach Hause kamen, waren sie bereits putzmunter und eine überglückliche Abeni nahm sie in Empfang. Ich rief sofort die Zweibeiner von Dana und Mala an um ihnen mitzuteilen, dass ihre Welpen alles gut überstanden haben und wieder putzmunter waren. Sie waren genauso glücklich wie wir. Drei Stunden später rannten beide mit ihren Geschwistern im Haus und Garten herum. Von Sabine bekamen wir 2 Mäntel die mit einem Klettband unter dem Bauch geschlossen wurden und dafür sorgten, dass die Operationswunde verdeckt war. So kamen ihre Geschwister beim Toben nicht an die Wunde.Als die Zwerge knapp 7 Wochen alt waren, fing, Abeni an, vorverdauten Nahrungsbrei hochzuwürgen. Dabei war es ganz egal wo sie war oder wo sie stand. Die Zwerge hatten schnell aus, dass sie Abeni nur mit ihrer Nase seitlich an der Schnauze anstupsen mussten, um sie zum Hochwürgen zu animieren. Beim Säugen legte Abeni sich nicht mehr hin, sondern blieb stehen oder sitzen. Durch die veränderte Haltung ihrer Mutter beim Säugen, nahmen die Zwerge ebenfalls eine andere Körperhaltungen ein und bekamen dadurch immer mehr Kontrolle über ihren Körper. Für Abeni war diese Fütterei sehr anstrengend, da sie zur Übermutter mutierte. Obwohl wir sie in einem anderen Raum fütterten, kam sie nicht dazu ihr Futter zu verdauen. Sobald sie mit den Babys zusammenkam dauerte es nicht lange, bis sie anfingen zu betteln und Abeni innerhalb kürzester Zeit den vorverdauten Nahrungsbrei wieder hochwürgte. Bei der nächsten Mahlzeit ließen wir sie nicht zu den Zwergen in der Hoffnung, dass sie ihr Futter nicht wieder hochwürgte. Leider brachte dieser Versuch keinen Erfolg. Sogar 15 Minuten später würgte sie den vorverdauten Nahrungsbrei wieder hoch. Es war zum Verzweifeln Sie nahm immer mehr ab, ihr Fell wurde stumpf, und sie haarte sehr stark. Wir kauften Ziegenmilch die von Abeni und den Zwergen sehr gut angenommen wurde. Die Zwerge bekamen wieder 6 x am Tag Ziegenmilch anstatt Wasser und für Abeni stellten wir einen äußerst unappetitlich aussehenden halbflüssigen Brei her, der aus hochwertigem Nassfutter, Ziegenmilch, Gelee Royal, Honig und einer Vitaminpaste bestand. Diese Zutaten kamen in den Mixer und wurden püriert. Es dauerte ein bisschen bis wir die richtige Konsistenz hatten, war der Brei zu flüssig, fraß Abeni ihn nicht war er zu fest, würgte sie ihn wieder hoch. Krümel bekam zusätzlich zu ihrem normalen Futter 6 x am Tag diesen Brei., den sie nicht mehr hochwürgte. Nach 1 Woche sahen wir den Erfolg. Abeni hatte etwas zugenommen, ihr Fell glänzte wieder und der

Haarausfall hörte auf. Letztendlich würgte sie bis Ende November 2014 ihr Futter hoch. Danach stellte sie dies langsam ein.

Am 20.09.2014 fand die Wurfabnahme statt. Zu diesem Termin mussten alle Welpen, egal ob sie vermittelt waren oder nicht, einen Namen haben. Da wir für Frl. Blau und Herrn Schwarz noch nicht die richtigen Hundeeltern gefunden hatten, wurde aus Frl. Blau Asali und aus Herrn Schwarz Anandi. Die Wurfabnahme war ein wichtiges Qualitätsmerkmal einer seriösen Hundezucht. Durch sie erhielten die Papiere des Hundes erst ihren Wert. Die Welpen mussten hierfür bereits gechippt und geimpft sein und durften erst nach der Wurfabnahme ausgehändigt werden. Der Käufer erhielt eine Durchschrift des Wurfabnahmeprotokoll, da nach diesem die Ahnentafel gefertigt wurde. Auf dem Wurfabnahmeprotokoll war vermerkt ob der Welpe zuchtausschließende Fehler,wie z.B. Zahnfehler,Knickrute, Dermoid-Sinus, etc. hatte.

Am 21. September verließen uns 7 Zwerge mit fast 11 Wochen. Es waren Ajana, Dana Bahari Brownie, Mala, Pauline und Amiri. Die Welpenbesitzer bekamen die Kopie des Wurfabnahmebogens, den Impfpass, sowie eine Aufstellung auf der stand, welches Futter sie bekommen haben, wann die nächste Impfung fällig war, welches Spielzeug geeignet war und welche Kommandos sie schon kannten, mit. Da die Welpenkäufer wenn sie bei uns waren, sich lange und sehr intensiv mit "ihrem Welpen" beschäftigt hatten, sind alle fröhlich mit ihren neuen Eltern von uns weggegangen. Obwohl wir einerseits sehr glücklich waren, dass die Zwerge sich so wunderbare Zweibeiner ausgesucht haben, waren wir andererseits auch ein bisschen traurig. Schließlich haben wir fast 11 Wochen intensiv mit ihnen zusammengelebt und waren rund um die Uhr für sie da. Abeni weinte keinem ihrer Babys eine Träne nach. Wir hatten den Eindruck, dass sie froh war, dass die Zwerge nun auszogen. Es war eine aufregende, kräftezehrende, aber auch schöne Zeit die wir mit ihnen verlebten. Der Gedanke daran, dass alle 7 es sehr gut getroffen hatten und die Aussicht darauf, dass wir heute Abend wieder in einem richtigen Bett schliefen, milderten den Abschiedsschmerz. Meine Wirbelsäule würde bestimmt Luftsprünge machen, wenn ich sie wieder auf einer Matratze ablegen konnte. Dem Luftbett weinte ich keine Träne nach, da die Zwerge daran ihre Zähne ausprobiert hatten was zur Folge hatte, dass nachts langsam die Luft entfleuchte und ich im Abstand von 2 Stunden mit den Zwergen auf der Erde lag, sicher umringt von der Wulst des Luftbettes. Die neuen Hundebesitzer konnten sehr stolz auf ihre Welpen sei, denn in der Zeit in der sie bei uns waren, haben wir uns nicht nur,viel Mühe mit der Erziehung gegeben. Jeder Welpe hörte bereits sehr gut auf seinen Namen. Sie reagierten auf einige Kommandos und wir haben es jedem der kleinen Monster ermöglicht, eine Lehre bei uns zu machen und die Ausbildung hier abzuschließen. Die beliebtesten Berufe waren: Landschaftsgärtner/in, Lebensmitteltester/in, Tischler/in, Bibliothekar/in sowie Schauspieler/in. Mit Hilfe ihrer Mutter absolvierten sie sogar ein zweites Musikstudium und konnten ihre Stimme weiter schulen und ihre Atemtechnik verfeinern, obwohl das eigentlich nicht nötig war. Mit dem Auszug der 7 Zwerge kehrte bei uns langsam der Alltag wieder ein. Wir fingen an das Wohnzimmer wieder so umzugestalten, dass es diesem Namen wieder Rechnung tragen konnte. Jetzt mussten für Asali und Anandi geeignete Hundeeltern gefunden werden. Am nächsten Tag gab ich eine Anzeige auf. Sie war kaum geschaltet, da riefen die ersten Interessenten für einen Rüden an und kamen noch am gleichen Tag vorbei. Abeni drehte gleich ab als sie reinkamen und ging nach oben. So wie Abeni sich benahm konnten wir davon ausgehen, dass es nicht die richtigen Leute waren, aber auch sie konnte sich einmal irren. Es war ein junges Ehepaar mit einem 4 Wochen alten Säugling. Sie hatten noch nie einen Hund. Als sie im letzten Urlaub einen Ridgeback Rüden gesehen haben, stand es für sie fest, so einen Hund wollen wir auch. Die beiden waren davon überzeugt, dass sie dem Säugling, aber auch dem Welpen gerecht werden konnten. Das jungen Leute war sehr nett aber weder mein Mann noch ich hatten ein gutes Gefühl. Mit einem Säugling hatten sie bestimmt genug zu tun, sich dazu noch einen Ridgeback Welpen ins Haus zu holen, war mehr als mutig. Als wir ihnen das sagten, verschwand die Freundlichkeit und sie gingen mit dem Satz dann holen wir uns woanders einen Ridgeback, es gibt genug. Das stimmte leider. Wir hofften, dass ihnen andere Züchter das gleiche sagen würden, denn als ersten Hund einen Rhodesian Ridgeback Welpen sich ins Haus zu holen, neben einem Säugling, war unserer Meinung nach keine besonders gute Konstellation. Es zeigte sich wieder einmal, dass Abeni recht hatte. Kaum waren die Leute weg, kam sie wieder zu uns. Eigenartigerweise riefen ausschließlich Interessenten für einen Rüden an. An einer Hündin hatte bisher niemand Interesse, so dass ich noch einmal eine Anzeige für Asali aufgab. Zwei Tage später erhielten wir einen Anruf von einem älteren Herrn, der für seine Familie einen Rhodesian Ridgeback Rüden suchte. Die Familie hatte bisher Weimeraner die jagdlich geführt wurden. Wir verabredeten uns für den nächsten Tag. Es war 10.00 Uhr da stand ein älteres Ehepaar mit 2 Kindern im Alter von 12 und 13 Jahren vor der Tür. Sie kamen rein setzten sich auf die Couch und bevor ich es verhindern konnte, setzte sich Krümel neben die Frau und fixierte sie. Ich musste innerlich lachen und nahm die Angst der Frau nicht weiter zur Kenntnis. Aus irgendwelchen Gründe reagierte mein Mann auch nicht auf ihr Verhalten, so dass ich lediglich Abeni von der Couch scheuchte, die beleidigt nach oben ging. Anandi war mit den Kindern im Garten. Im Laufe des Gesprächs erzählten sie uns, dass sie ein großes Grundstück haben auf dem auch ihre Kinder ein Haus gebaut hatten. Anandi sollte als Familienhund im Haushalt ihrer Kinder und Enkelkinder leben. Die Kinder waren begeistert von Anandi. Nachdem wir alles geklärt und durchgesprochen hatten, wollten sie Anandi sofort mitnehmen. Da uns das zu schnell ging hatten wir uns Bedenkzeit erbeten. Enttäuscht fuhren sie nach Hause. Mein Mann und ich überlegten ob es die richtigen Leute für Anandi waren. Ich wusste nicht warum aber ich hatte kein gutes Gefühl. Anandi hatte zu ihnen keinen Kontakt, da er mit den Kindern beschäftigt war. Wir bekamen an diesem Tag noch 2 Anrufe von dem Ehepaar, weil die Enkelkinder so traurig waren und sie Anandi gerne bei sich hätten. Nach dem 2 Anruf bekamen sie eine Zusage. Sie wollten ihn morgen früh abholen, da die Enkelkinder schulfrei hatten. Am nächsten Tag wieder gegen 10.00 Uhr, waren sie da. Wir tranken Kaffee und Abeni setzte sich erneut neben die Frau, die wieder nicht erfreut darüber war. Nach einer knappen

02.
11.
2014

Anandi

Abeni – unsere Begegnung war eine Bereicherung 140

Stunde fuhren sie mit Anandi weg. Wir wussten nicht ob wiruns freuen sollten oder nicht und eigenartigerweise jammerte Abeni ziemlich lange ihm hinter her. Das hatte sie bei keinem ihrer Welpen gemacht. Wir waren ein wenig verunsichert, als wir nachmittags einen Anruf von dem Ehepaar erhielten, dass sich im Namen der anderen Familienmitglieder für den tollen Hund bedankte, waren wir beruhigt. Offensichtlich hatten wir die Flöhe husten hören.

Am 02.11.2014 fand das erstes Welpentreffen statt. Wir freuten uns sehr die Zwerge wiederzusehen. Abeni war in keinster Weise darüber erfreut, als sie die kleinen Monster sah, die fröhlich auf sie zu rannten. Ihr entglitten regelrecht die Gesichtszüge. Sie suchte ständig das Weite und achtete streng darauf, dass der Sicherheitsabstand zu ihr nicht überschritten wurde. Kimba kümmerte sich liebevoll um die Rasselbande und achtete streng darauf, dass sich keiner von den Zwergen selbständig machte. Die Angst und das Unwohlsein, dass sie anfangs ihnen gegenüber verspürte, war verflogen. Benahmen sie sich jetzt daneben, sagte sie ihnen kräftig die Meinung.Wir waren sehr glücklich als wir sahen, dass sich Abenis Zwerge prima entwickelt hatten und sich in ihren Familien sehr wohl fühlten. Alle rannten vergnügt herum nur Anandi wurde im Hintergrund gehalten. Nach 1 Stunde fuhren wir zu einem kleinen Lokal das über ein Extrazimmer verfügte, so dass wir unsere Hunde mitnehmen konnten. Alle waren fröhlich und erzählten begeistert von ihren Hunden nur das Ehepaar, welches sich für Anandi entschieden hatte, verhielt sich beängstigend ruhig. Da es Menschen gab die ein wenig Zeit brauchten um sich öffnen, dachten wir uns noch nichts dabei.

Aber ihr Verhalten änderte sich nicht, sie waren stumm wie die Fische. Da ich genau neben ihnen saß, sprach ich sie auf Anandi an. Was ich zu hören bekam, ließ bei mir alle Alarmlampen aufleuchten. Jetzt wusste ich warum ich damals kein gutes Gefühl hatte und Abeni so frech war. Die beiden beschwerten sich ohne Luft zu holen über ihn. Er nahm ihnen die Zeitung weg und zerpflückte sie, ihre Enkelkinder wollten von ihm nichts mehr wissen weil er sie ansprang, zwickte und so wild war. Außerdem hätte er die Rosen ruiniert und 2 Gewächshäuser von innen total zerstört. Hinzukam, dass sie entsetzliche Angst vor ihm hatte und nicht wusste, was sie mit ihm anfangen sollte. Anandi knurrte und bellte sie an. Mir schwirrte der Kopf. Wieso war Anandi bei ihnen und nicht bei ihren Kindern ? Wenn es nach ihr gegangen wäre, hätte sie Anandi sofort bei uns gelassen. Da ihr Mann Anandi behalten wollte verblieben wir erst einmal so, dass wir morgen zusammen mit Sabine, die eine mobile Hundeschule www.Hundeschule-sabinestremlau.de betrieb, vorbeikommen um in Ruhe zu überlegen, wie es weiterging. Im Laufe des Gesprächs stellte sich heraus, dass der kleine Mann den ganzen Tag alleine auf einem 25000 Quadratmeter großen Grundstück herumlief. Hatten sie erwartet, dass er sich alleine beschäftigt, sich müde rennt und alleine spielt ? Mit einem Mal hatte niemand in dieser großen Familie Zeit oder Lust Anandi zu erziehen, ihn sinnvoll zu beschäftigen, mitihm zu spielen und mit ihm eine Hundeschule zu besuchen. Damit bewahrheitete es sich wieder das ein Rhodesian Ridgeback nicht für jeden geeignet ist. Aber manche Zweibeiner fühlten sich persönlich angegriffen wenn sie darauf hingewiesen wurden, dass ein Ridgeback vielleicht doch nicht der richtige Hund für sie war.

Abeni – unsere Begegnung war eine Bereicherung 142

Abeni und ihre Töchter

Abeni – unsere Begegnung war eine Bereicherung 143

Das haben wir auch erlebt. Dabei war dieser Hinweis nicht böse gemeint oder als Anmaßung zu verstehen. Anstatt sauer zu sein, sollten sie dem Züchter für den Hinweis dankbar sein, denn ein Ridgeback fordert seine Zweibeiner sehr stark. Nach dem ersten Schreck waren wir froh, dass sie an dem Welpentreffen teilgenommen haben, weil wir dadurch die Möglichkeit hatten, Anandi im Auge zu behalten und gemeinsam nach einer Lösung suchen konnten. Wenn die beiden nicht gekommen wären, wer weiß was mit dem kleinen Mann passiert wäre. Das Haus sowie das Grundstück waren wirklich riesengroß. Wir gingen rein und kamen in ein wirklich großes Wohnzimmer mit mehr als 120 qm. Am anderen Ende, ganz weit von der Couch entfernt, stand ein Hundekorb in dem Anandi lag. Als er uns sah sprang er vor Freude auf. Die Terrassentür wurde geöffnet und unsere 3 rannten mit Anandi auf dem Grundstück herum. Da das Grundstück trotz seiner Größe rundherum eingezäunt war, mussten wir keine Angst haben, dass einer ausbüchst. Während die Hunde viel Spass hatten, wurden uns die Schäden gezeigt, die der kleine Mann angerichtet hatte. Anandi hatte wirklich schwer gearbeitet und seine Langeweile musste sehr groß gewesen sein. Schon beim Welpentreffen war uns aufgefallen, dass Anandi ein bisschen dünn war, es stellte sich heraus, dass sie ihn nach Gefühl gefüttert haben. Zusammen stellten wir einen neuen Fütterungsplan auf. Anandi besaß weder einen Kauknochen, noch ein Spielzeug, geschweige denn einen Ball. Das einzige Spielzeug das er hatte, war das Kaminholz, welches neben dem Kamin aufgestapelt war. Diesen Stapel brachte er zum Leidwesen seiner Besitzer regelmäßig mehrmals am Tag zum Einsturz, aber mit irgendetwas musste sich der kleine Mann schließlich beschäftigen. Das er sich damit verletzen konnte, kam ihnen erst gar nicht in den Sinn. Es war ein Trauerspiel, sie waren mit ihm restlos überfordert. Während wir überlegten was wir machen, sagten die beiden plötzlich ganz spontan, dass sie mit Anandi doch in die Hundeschule gehen wollten. Wir waren vollkommen überrascht, mit so einer Antwort hatten wir nicht gerechnet. Wahrscheinlich sahen sie ein, dass sie mit Anandi so nicht weitermachen konnten und durften. Sie zeigten sich total überrascht, wie ruhig er sich verhielt, nachdem er sich mit Akili, Asali und Abeni ausgetobt hatte. Er lag wie unsere Mädels brav neben der Couch und schlief. Wir ersparten uns zu antworten. Da jeder eine zweite Chance verdiente versprach Sabine, morgen mit dem Training zu beginnen. Auf dem Weg nach Hause waren wir uns darüber einig, dass Anandi dort nicht bleiben konnte. Nach der dritten Trainingsstunde rief Sabine mich an um mir mitzuteilen, dass es keinen Sinn machte die Stunden fortzusetzen. Die Frau würde ständig jammern sie hätte Angst weil sie ihn nicht halten konnte und ihr Mann fand die Unterrichtsstunde nur ätzend. Das reichte. Gegen 14.00 Uhr rief ich die Leute an um ihnen mitzuteilen, dass wir Anandi morgen abholen. Gegen 15.00 Uhr klingelte das Telefon. Es waren Anandis Zweibeiner, die fragten ob sie ihn heute noch vorbeibringen könnten. Eine Stunde später standen beide total verheult vor der Haustür. Als ich sie so sah bekam ich einen gewaltigen Schreck da ich annahm, dass etwas mit Anandi war. Angeblich war es der Abschiedsschmerz der sie übermannt hatte. Abeni war glücklich, dass Anandi wieder bei uns war und das zeigte sie auch. Anandis Zweibeinern schenkte sie keinen Blick. Auch Anandi freute sich, als er seine Schwestern sah und verschwand sofort mit ihnen im Garten.

Als die 3 draußen waren, verschwand Abeni nach oben. Ihr Verhalten sagte alles. Warum haben wir vor 2 Wochen als die Leute das erste Mal bei uns waren nicht auf ihr Verhalten reagiert ? Akili, Asali und Anandi tobten noch Garten herum. Die Frau saß auf der Couch und heulte, während er jammerte da Anandi keine Veranlassung sah, sie zu vermissen. Wir hatten eher das Gefühl, dass sie sich selber bemitleideten und aus verletzter Eitelkeit jammerten. Bevor sie abfuhren, wollten sie sich von Anandi verabschieden und gingen auf die Terrasse. Sie riefen ihn, er schaute kurz in ihre Richtung und das war es. Dieses Verhalten war typisch für einen Ridgeback, damit zeigte er, dass er keine Beziehung aufbauen konnte. Als sie weg waren kamen die drei rein und legten sich zusammen auf die Couch. Gegen 20.00 Uhr riefen Anandis frühere Besitzer an und erkundigten sich, ob Anandi sie vermisste. Als ich dies verneinte fing sie wieder an zu weinen. Da platzte mir der Kragen und ich sagte, dass sie froh sein sollten, dass Anandi jetzt bei uns war. Kommentarlos legte sie auf. Die folgenden Tage waren etwas stressig, weil Anandis frühere Besitzer ständig heulend anriefen und ihn urplötzlich zurückhaben wollten. Ich machte ihnen unmissverständlich klar, dass sie ihn auf keinen Fall zurückbekamen und bat sie von weiteren Anrufen Abstand zu nehmen. Ich versprach ihnen mich zu melden, sobald wir für Anandi ein geeignetes Zuhause gefunden haben. Am nächsten Tag fuhren wir mit Anandi zu unserem Tierarzt um ihn durchchecken zu lassen. Gott sei Dank war er kerngesund. Ich gab erneut eine Anzeige auf. Es waren einige Interessenten da, aber es machte weder bei uns noch bei Anandi oder Asali Klick. Da Abeni sich ebenfalls sehr abweisend zeigte, war das für uns ein Zeichen, dass die richtigen Leute noch nicht da waren. Vielleicht lag es daran, dass wir zu vorsichtig und unsicher waren und sich unsere Gefühle auf Abeni übertrugen.Anandi fühlte sich bei uns pudelwohl. Die 2 Wochen die er in einer anderen Familie verbracht hatte, hatten keine Spuren hinterlassen. Ein wenig seltsam war es, dass sich bisher nur Interessenten meldeten, die einen Rüden suchten. Nach einer Hündin fragte niemand.

Mitte November erhielt ich einen Anruf von einer jungen Frau die auf unsere Homepage gelesen hatte, dass Anandi wieder bei uns war. Sie erzählte mir, dass Anandi ihr und ihrem Mann von Anfang an gefallen hatte, aber da ihr Rhodesian Ridgeback Rüde kurz vor dem Abgabetermin der Welpen verstorben war, waren sie für einen neuen Hund noch nicht bereit. Wir unterhielten uns fast 1 Stunde und machten einen Termin für den 22.11.2014 um 15.00 Uhr aus, da wir vorher bei meiner Freundin zum Brunch eingeladen waren. Um 14.00 Uhr waren wir wieder zu Hause. Als gegen 15.30 Uhr die beiden noch nicht da waren, glaubten weder mein Mann noch ich daran, dass die beiden noch kommen. Als gegen 16.00 Uhr das Telefon klingelte, war ich völlig überrascht. Die beiden hatten sich total verfahren. Mein Mann erklärte ihnen den Weg und knapp 20 Minuten später waren sie da. Als ich die Haustür öffnete und sie sah kam es mir vor, als wenn wir uns schon sehr lange kennen würden. Abeni nahm sofort Kontakt zu ihnen auf und steckte mit ihrer Freude Akili an. Diese Reaktion kannten wir,wenn sie so unbefangen und freundlich auf die Besucher zuging, waren wir auf der sicheren Seite. Wir gingen ins Wohnzimmer. Anandi und Asali lagen immer noch lang ausgestreckt auf der Couch und schliefen. Sie hoben lediglich einmal kurz den Kopf dann schliefen sie weiter. Ein langer Spaziergang und später der Brunch bei unseren Freunden hatte sie total geschafft. Akili lag auch wieder in ihrem Hundebett und schlief. Die einzige die ansprechbar war, war Abeni. Sie war von den beiden restlos begeistert.Während Anandi und Asali auf der Couch lagen und schliefen tranken wir Kaffee. Irgendwie fand ich das Verhalten von Asali und Anandi merkwürdig, denn egal was wir machten, die beiden ließen sich nicht stören. Da Nina und ich eine Zigarette rauchen wollten, setzen wir uns auf die Terrasse und unterhielten uns, während mein Mann mit Jan redete. Nach diesem Gespräch stand für uns fest, dass die beiden auf jeden Fall die richtigen Zweibeiner für Anandi oder für Asali waren. Die letzte Entscheidung trafen sowieso die Hunde. Die beiden gaben sich viel Mühe um Anandi und Asali aus der Reserve zu locken, aber sie rührten sich nicht. Während wir überlegten was wir anstellen konnten, damit die Schlafmützen wach wurden, stand mein Mann auf und ging in die Küche. Anandi und Asali waren immer die ersten, die sich in der Küche einfanden, wenn es etwas zu Futtern gab. Bei Asali reichte es sogar wenn einer von uns nur die Kühlschranktür öffnete, weil sie immer hungrig war, aber heute reagierte sie überhaupt nicht darauf. Die Futterschüssel landete mit einem Plopp auf den Bodenfliesen. Auf dieses Geräusch reagierte wenigstens Anandi, während Asali weiterhin toter Hund spielte. Das hatte sie noch nie gemacht. Anandi hüpfte ein bisschen verschlafen von der Couch jedoch ohne sich um den Besuch zu kümmern, obwohl er an ihnen vorbeigehen musste. Er lief in die Küche und fraß. Wir waren ein wenig enttäuscht aber ändern konnten wir nichts.Zwischenzeitlich war es 20.00 Uhr. Da die beiden eine Heimfahrt von 2 Stunden vor sich hatten, entschlossen sie aufzubrechen. Sie gingen bewusst nicht in die Küche, weil sie ihn beim Fressen nicht stören wollten. Wir verblieben so, dass sie noch einmal vorbei kommen um einen Spaziergang mit uns und den Hunden zumachen. Als wir in der Diele standen um uns zu verabschieden, kam plötzlich Anandi zu uns. Er sprang an Nina und Jan hoch und schleckte ihnen die Hände und das Gesicht ab. Wir konnten es kaum glauben, niemand hatte ihn gerufen. Er benahm sich so, als wenn er die beiden schon lange kennen würde. Es war eine tiefe Vertrautheit zwischen ihnen zu spüren,so etwas hatten wir noch nicht erlebt. Nina und Jan waren überglücklich. Wir gingen ins Wohnzimmer zurück, damit sie sich mit Anandi beschäftigen konnten. Asali lag immer noch schlafend auf der Couch. Ich ging in die Küche und schaute in Anandis Napf. Dieser war noch halbvoll. Er hatte seine Nahrungsaufnahme unterbrochen, als er merkte, dass die beiden nach Hause fahren wollten. Die Entscheidung war gefallen, Anandi wollte zu Nina und Jan. Meinem Mann und mir fiel ein Stein vom Herzen. Anandi hatte sich für die beiden entschieden. Es hätte auch Asali sein können, aber die schlief immer noch. Anandi zeigte überhaupt keine Scheu oder Zurückhaltung. Er war sofort sehr zutraulich. So verhält sich ein Ridgeback eigentlich nur, wenn es Menschen sind die er mag. Wenn man die 3 zusammen sah, erweckten sie den Eindruck, dass sie sich schon sehr lange kannten. Während Anandi ihre Streicheleinheiten genoss besprachen wir die Einzelheiten. Mitten im Gespräch passierte etwas Erstaunliches. Als Asali merkte, dass die Würfel gefallen waren stand sie auf und ging in die Küche um Anandis Schüssel zu leeren. Danach kam sie ins Wohnzimmer zurück, begrüßte die beiden und legte sich an das anderer Ende der Couch, weit weg von Anandi. Asali war ihrem Verhalten von früher treu geblieben, kamen Interessenten war sie weg oder sie schlief. Offensichtlich stand auch für sie bereits von Anfang fest, dass auch sie hier bleibt. Anandi sollte noch ein paar Tage bleiben, da die beiden Urlaub einreichen wollten. Zwei Tage später rief Nina an und fragte ob sie Anandi schon am kommenden Wochenende abholen könnten. Wir vereinbarten, dass sie unsere Hunderunde mitmachen sollten und danach mit Anandi nach Hause fahren. Zwei Tage später waren sie da. Als Anandi die beiden sah freute er sich sehr. Damit ihm das Auto nicht mehr fremd war, beschlossen wir, dass er bereits auf dem Weg zum Hundespaziergang in deren Auto mitfahren sollte.Wir verließen zusammen das Haus. Während die Mädels in unser Auto sprangen, ging Anandi ohne zu zögern mit Nina ein Stück weiter und sprang in Jans Auto. Er stieg so selbstverständlich ein, als wenn er darin schon gefahren wäre. Der Spaziergang machte allen sehr viel Spaß. Anandi blieb immer in der Nähe von Nina und Jan. Auf dem Rückweg fuhr er mit den beiden noch einmal zu uns. Er war total entspannt. Jetzt hieß es Abschied nehmen. Dieses Mal weinte Abeni nicht hinter ihm her. Er hätte es nicht besser treffen können aus ihm ist ein fröhlicher, aufgeschlossener und verschmuster Rüde geworden,der viel Liebe und eine gute Erziehung von seinen Zweibeinern erhält. Ich glaube eigentlich nicht an Vorhersehungen, aber nach den Erlebnissen mit Abeni und ihren Welpen, glaube ich doch, dass es so etwas gibt. Mein Mann und ich konnten uns von Anfang an nicht zwischen Asali und Akili entscheiden.Waren Interessenten da blieb sie immer im Hintergrund und wir ließen das unbewußt zu.

Abeni – unsere Begegnung war eine Bereicherung 150

*Als Anandi wieder bei uns
war sah es abends
so auf unserer alten Couch
aus.*

Abeni – unsere Begegnung war eine Bereicherung 151

Als sie größer wurde, sorgte sie selber dafür, dass sie entweder nicht anwesend war,oder schlief.Somit wurden wir nicht nur von Akili, sondern auch von Asali ausgesucht.. Erst mit Anandis Auszug, entschieden wir uns bewußt für Asali obwohl für Frl. Pink und Frl. Blau von Anfang an feststand, dass sie bleiben.

Witzigerweise war Asali die erste die das Licht der Welt erblickte und Akili die letzte. Ich bin sehr glücklich darüber, dass wir mit Abenis ihre Welpen großgezogen haben Wir haben sehr viel von Abeni und ihren Babys gelernt. Viele Erlebnisse und Erfahrungen wären uns verborgen geblieben, wenn wir nicht so intensiv mit ihnen gelebt hätten. Wir hatten bei der Aufzucht große Sorgen, es sind Tränen geflossen und manchmal waren wir am Ende unserer Kräfte aber das, was wir uns für Abenis Zwerge gewünscht haben, traf ein. Abenis Babys haben sich durch die Bank weg wunderbare und verantwortungsvolle Zweibeiner ausgesucht, die ihnen Liebe, Zeit und eine gute Erziehung schenken. Wir haben heute noch zu allen, einen sehr guten Kontakt. Meinem Mann bin ich sehr dankbar, dass er mich so unterstützt hat. Er war mir eine große Hilfe. Ich war sehr froh, dass ich über Abenis ersten und gleichzeitig letzten Wurf ein Tagebuch geführt habe, da ich nie wieder Gelegenheit bekommen werde, solche Beobachtungen machen zu können.Unsere Mädels verstehen sich sehr gut, es gibt keine Eifersüchteleien und keinen Futterneid. Manchmal war es ein Spagat, Akili, Asali sowie Abeni zu gleichen Teilen Aufmerksamkeit zu schenken, ohne dass sich eine von den anderen beiden sich zurückgesetzt fühlte. Bis jetzt ist uns das gut gelungen und ich hoffe, dass es auch so bleibt. Vom

Charakter sind Akili und Asali ziemlich unterschiedlich. Akili ist ein kleiner Teufel, die gerne einmal das Messer zückt und alle aufmischt. Äußerlich ist sie eine 100%tige Abeni Tochter. Es ist uns schon ein paar Mal passiert, wenn wir nicht richtig hingeschaut haben, dass wir die beiden verwechselten. Asali hat eine Schulterhöhe von 70 cm und ist somit 8 cm größer als Abeni und Akili. Sie ist eine sensible Hündin, die das Wesen von Abeni hat. Akili und Asali haben von Abeni den afrikanischen Riesenbock, das rege Mitteilungsbedürfnis und eine entzückende Stimme geerbt. Ein Manko haben alle 3, sie jagen. Da kann es schon einmal passieren, dass wir plötzlich allein in Wald und Flur stehen, weil ein lebensmüder Hase unseren Weg kreuzte.

Abenis Zwerge haben in ihrem Zuhause, auch die Couch in Beschlag genommen, obwohl es anfangs Zweibeiner gab, die ganz energisch sagten, dass ihre Hund nicht auf die Couch kommt. Es kommt immer anders als man denkt. Manche schleichen sich sogar ins Bett. Das ist wieder einmal ein typisches Verhalten für einen Ridgeback.Wir haben bis heute einen guten Kontakt zu den Zweibeinern, die einen Welpen von Abeni bekamen und alle sind glücklich und zufrieden mit ihrem Hund.

Unser Hobby, drei Hunde zu halten ist nicht billig. Von den Tierarztkosten einmal abgesehen, aber ich bin glücklich und meinem Mann sehr dankbar das Asali, so wie sie es sich gewünscht hatte, auch bei uns bleiben konnte.

Pyometra

Abenis Läufigkeit war vorbei doch die Rüden benahmen sich so, als wenn sie kurz vor der Läufigkeit stehen würde. Dieses Verhalten machte mich stutzig. Abeni selber verhielt sich nicht auffällig.

Da sie vor 2 Jahren schon einmal eine Gebärmutterentzündung hatte bei der die Vorzeichen ähnlich waren, leuchteten bei mir die Alarmlampen auf. Hatte sie vielleicht wieder eine Gebärmutterentzündung ? Als wir mittags unsere Runde machten sah ich nachdem sie Urin abgesetzt hatte, dass ein kleiner weißlicher Schleimfaden zurückblieb. Da wusste ich was los war. Nachmittags waren wir beim Tierarzt. Dieser untersuchte Abeni gründlich und machte ein Blutbild. Danach bestätigte er meine Vermutung. Da ich die Anzeichen früh genug erkannt habe, hatten wir Glück. Abeni bekam kein Fieber und konnte mit einem Antibiotikum behandelt werden. Eine Pyometra kann tödlich enden, wenn sie zu spät erkannt wird.

Auf einem unserer Spaziergänge schloss sich uns eine 14 Monate alte Hündin mit ihren Zweibeinern an. Die Hündin war total fertig, weil sie ständig von Rüden belagert wurde und keine Ruhe bekam. Ich sprach die Hundehalter an und fragte ob ihre Hündin vielleicht läufig wäre. Die Leute erzählten mir, dass die Läufigkeit schon einige Zeit vorüber wäre und das die

Rüden sich ungefähr seit 2 Tagen so verhielten. Sie wüssten aber nicht warum die Rüden so aufdringlich waren. Ich erzählte ihnen das Abeni vor kurzem eine Gebärmutterentzündung hatte, die sich genauso bemerkbar gemacht hatte. Einige Wochen später trafen wir uns wieder. Sie bedankten sich für den Hinweis. Auch ihre Hündin hatte eine Pyometra. Sie konnte ebenfalls mit einem Antibiotika behandelt werden.

In eine gute Hundeapotheke gehört meiner Meinung nach,

Kollodiales Silber, pflanzliches Antibiotikum,
Wasserstoffperoxid, zur Reinigung von kleineren Wunden sowie Verletzungen,
Kohletabletten, gegen Durchfall
Augensalbe sowie Ohrentropfen.

Diese Mittel ersetzen natürlich nicht den Gang zum Tierarzt.

Einen schönen Glanz ins Fell bekommen kurzhaarige Hunde, wenn sie nach dem Bürsten eine Schüssel mit lauwarmen Wasser füllen und 2 Esslöffel Essig dazutun. Anschließend wischen Sie den Hund mit einem Lappen damit ab.

Damit unsere Hunde im Fellwechsel nicht so stark haaren, bekommen sie das ganze Jahr über wechselweise 2 Hefetabletten oder 2 Omega 3- Kapseln ins Futter.

Vielen Dank für eure Hilfe :

Sabine Stremlau - Abenis Züchterin
www.yashangaa.de, www.Hundeschule-sabinestremlau.de,

Petra Müller, Petras Hund, Pudel choky,
www. hundepsychologie-unna.repage2.de Petra Müller,

Eileen Zajonc,
Deckrüdenbesitzerin, Deckrüde -Barmani
www.sadikifuBarmani.de

Heike und Jürgen mit Kimba, Abenis-Schwester,
Kimba -Patentante

Konni Diste, mit Chandu und Bokar

wer wissen möchte was wir mit Abeni, Akili und Asali erleben, kann dies auf meinem Blog **umotomoto-rhodesian-ridgeback.blogspot.com** nachlesen. Diese Rhodesian Ridgeback Wandkalender mit schönen einzigartigen Fotos sind bei Amazon in verschieden Größen erhältlich.

Rhodesian

Ridgeback

Wandkalender

Abeni – unsere Begegnung war eine Bereicherung 157

So schnell vergeht die Zeit
Bild 1 : 4 Monate, Bild 2 : 6 Monate,
Bild 3: 9 Monate, Bild 4: 12 Monate

Abeni – unsere Begegnung war eine Bereicherung 158

Abeni 2 Jahre

Jonah 3 Jahre, Abeni 5 Jahre

Abeni – unsere Begegnung war eine Bereicherung 159

Krümel
5 Jahre alt

Abeni – unsere Begegnung war eine Bereicherung 160